KLARTEXT

Antje Zimmermann

Schönes NRW – Quer durchs Land

Band 1

Ausflugs- und Reisetipps
für Nordrhein-Westfalen

Überarbeitete Neuauflage

Antje Zimmermann
arbeitet als Reisejournalistin und Buchautorin in Köln. Seit 2007 ist sie die Reiseexpertin von WDR 4. Jeden Freitag gibt sie in der Sendung „Hallo NRW" Tipps für einen gelungenen Urlaub – besonders beliebt sind ihre Berichte aus NRW, da sie hier immer wieder neue und ungewöhnliche touristische Ziele vorstellt. Oder haben Sie schon einmal vom Werwolf-Wanderweg bzw. der Waidmannsheil-Pauschale gehört? Neben ihrer Tätigkeit bei WDR 4 ist Antje Zimmermann auch regelmäßig als Expertin in anderen Medien zu sehen und zu hören.

Impressum

1. Auflage September Mai 2009
Überarbeitete Neuauflage März 2012

Satz und Layout: Achim Nöllenheidt
Umschlaggestaltung: Volker Pecher
Umschlagbild: Monschau Touristik GmbH
Druck und Bindung: Griebsch & Rochol Druck, Hamm

© Klartext Verlag, Essen 2012
ISBN 978-3-8375-0722-5

Alle Rechte der Verbreitung, einschließlich der Bearbeitung für Film, Funk, Fernsehen, CD-ROM, der Übersetzung, Fotokopie und des auszugsweisen Nachdrucks und Gebrauchs im In- und Ausland vorbehalten.

KLARTEXT   info@klartext-verlag.de, www.klartext-verlag.de

Inhalt

Bergisches Land

Ballonfahrten mit Picknick vom Sternekoch 10
DEM HIMMEL SO NAH

Von Schafs-, Ziegen- und Kuhmilch 16
DIE KÄSEROUTE NRW

Der Klangpfad in Nümbrecht 22
SO KLINGT DIE NATUR

Eifel

Kulinarisches Monschau 28
VON SENFMÜLLERN UND KAFFEERÖSTERN

Wanderungen im Hohen Venn 36
UNTERWEGS AUF ALTEN SCHMUGGLERPFADEN

Wasserland Eifel-Ardennen 40
VON FLUSSKREBSEN UND PERLMUSCHELN

Die Vulkaneifel 44
ERDGESCHICHTE VOR DER HAUSTÜR

Münsterland

Radwandern im Münsterland 50
DIE 100-SCHLÖSSER-ROUTE

Die Friedensroute von Münster nach Osnabrück 58
DEM WESTFÄLISCHEN FRIEDEN AUF DER SPUR

Der westfälische Jakobsweg 64
HAPE FÜR ANFÄNGER

Eine kulinarische Reise durch das Münsterland 70
Westfälisch geniessen

Urlaub auf dem Bauernhof 75
Ein Bett im Heu

Naturparadies Münsterland 80
Von Flamingos und seltenen Orchideen

Niederrhein

Bed & Breakfast bei Lord & Lady 88
Alter Adel zum Anfassen

Unterwegs mit der letzten Schmalspurbahn
Nordrhein-Westfalens 94
**Eisenbahn-Romantik an der
deutsch-niederländischen Grenze**

Die Bauernmärkte des Niederrheins 100
Von Blumen & Gemüse

Unterwegs mit der Draisine im Kreis Kleve 106
Spass auf Schienen

Rheinland

Die Gartenroute Rheinland 112
**Von Klostergärten, Mammutbäumen
und Palmenalleen**

Führung auf dem Kölner Melaten Friedhof 122
Von Millowitsch und Millionären

Historische Wanderungen im Aggertal 128
Wo sich Napoleon bettete

Unheimliche Wanderung in Bedburg 134
Auf den Spuren des Werwolfs von Epprath

Ruhrgebiet

Die Zeche Zollverein 142
Weltkulturerbe zum Anfassen

Museumsroute in Mülheim an der Ruhr 150
Alte Wassertürme als moderne Museen

Ruhrort – kleiner Stadtteil
mit großer Vergangenheit 158
Tante Olga und der Goldene Anker

Sauerland

Historische Kutschfahrten durchs Hochsauerland 164
Von Butter-Bettken und Bischof Aufderbeck

TÜV geprüfter Kinderurlaub 168
OK für Kids

Führung durch die historische
Gerichtsstadt Arnsberg 174
Hexen, Henker und ein Halsgericht

Urlaub im Benediktinerkloster 178
Innere Einkehr

„Gruben-Light-Dinner" in Ramsbeck 184
Drei-Gang-Menü in 300 Meter Tiefe

Weihnachtsbaum selber schlagen 188
Die Adventspauschale

Bildnachweis 192

Bergisches Land

10 | *Ballonfahrten mit Picknick vom Sternekoch*
Dem Himmel so nah

16 | *Von Schafs-, Ziegen- und Kuhmilch*
Die Käseroute NRW

22 | *Der Klangpfad in Nümbrecht*
So klingt die Natur

Schloss Homburg in Nümbrecht –
Startpunkt des Klangpfades

BERGISCHES LAND

BALLONFAHRTEN MIT PICKNICK VOM STERNEKOCH
Dem Himmel so nah

> » Ballonfahrt über das Bergische Land
> » Kulinarische Kooperation mit Schloss Lerbach
> » „Schnäppchen" in den frühen Morgenstunden

Die Sonne glitzert auf der Dhünntalsperre

BERGISCHES LAND

Das Begleitfahrzeug folgt dem Ballon bis zur sicheren Landung

Dem Himmel ganz nah – das ist man sicherlich auch in Flugzeugen, beim Fallschirmspringen oder anderen Sportarten. Doch bei der gemächlichen Fahrt in einem Heißluftballon kann man die Winde, die Aussicht und das Gefühl von Freiheit sicherlich am intensivsten genießen. Es gibt in NRW viele Startplätze; besonders romantisch ist der am Schloss Lerbach in Bergisch-Gladbach gelegene. Und hier kann man sich gleich noch einen exklusiven Picknick-Korb für die Fahrt einpacken lassen.

Auch im Winter ein Vergnügen
Wer bisher glaubte Ballonfahrten seien ein ausschließliches Sommervergnügen, wird von erfahrenen Ballonfahrern schnell eines Besseren belehrt.

BERGISCHES LAND

Aufgrund ihrer stabilen Thermik eignen sich schöne Wintertage hervorragend für die Fahrt. Angelika und Michael Kloss sind Ballonfahrer aus Leidenschaft. 1998 erfüllte sich das Ehepaar aus Waldbröl seinen Lebenstraum und gründete ein kleines Luftfahrtunternehmen. Zuerst nur mit einem einzigen Ballon. Nach und nach kamen weitere dazu und heute zählen sie zu den renommiertesten Anbietern in der Region. Und auch nach mehr als 1000 sicheren Starts und sanften Landungen hat der Sport für sie nichts von seiner Faszination verloren.

Gemeinsame Startvorbereitungen

Ballonsport ist Teamwork; das heißt die Gäste packen grundsätzlich mit an. So halten zwei Mann tapfer die Hülle, während der Ventilator sie unter lautem Getöse mit Luft füllt. Der Ballon wächst und wächst bis er schließlich mit 25 Meter Höhe und 22 Meter Durchmesser seine volle Größe erreicht. Und dann ist es soweit: Alle klettern mehr oder minder elegant in den Korb. Langsam hebt sich der Ballon und gewinnt rasch an Höhe. Und mit jedem Meter den er steigt, sinkt das Herz in die entgegengesetzte Richtung. Bei einigen Mitreisenden wechselt die Gesichtsfarbe; andere möchten sich am liebsten auf den Boden des Korbes kauern. Es

Schöne Wintertage sind wegen ihrer stabilen Thermik ideal für Ballonfahrten

Interview in 600 Meter Höhe – Angelika Kloss (l.) und Antje Zimmermann

dauert einige Minuten bis sich die Beklemmung löst und noch ein paar weitere, bis die Neulinge beginnen, die Fahrt zu genießen. Die frische, klare Luft und vor allem die unglaubliche Aussicht wirken geradezu berauschend: Aus einer Höhe von rund 650 Metern kann man deutlich die Kölner Bucht und den Dom erkennen. Diese Höhe ist ideal für Panora-

▶ **EXTRA-TIPP**

Ballonfahrten sind nicht ganz billig. Der Preis für eine Ballonfahrt schwankt zwischen 150,- und 200,- Euro. Je nach Wochentag, Uhrzeit und Anzahl der Mitreisenden. „Schnäppchen" kann am ehesten unter der Woche machen. Wer in den Sommermonaten sehr zeitig aufsteht, kann für 150,- Euro NRWs schönste Landschaften aus der Luft betrachten. Beim Startplatz haben die Gäste die Auswahl zwischen diversen freiliegenden Flächen im Großraum Köln–Bonn. Den Landeplatz bestimmt der Wind. Kloss planen eine Fahrt von gut anderthalb Stunden ein; falls es aufgrund der Wetterverhältnisse einmal kürzer als eine Stunde dauern sollte, dürfen sich die Gäste auf eine weitere – dieses Mal kostenlose – Fahrt freuen.

Seit 2002 betreibt die Familie auch eine Ballonschule. Hier können Interessierte eine Ausbildungen zum Heißluftballon-Piloten machen. Mit seiner anspruchsvollen Topographie ist das Bergische Land das ideale Terrain, um das Handwerk zu erlernen.

mafahrten: Sämtliche Details, wie Autos auf den Straßen, Häuser mit blau schimmernden Swimmingpools oder grünen Gärten; bräunliche Ackerflächen und grasende Kühe auf den Weiden wirken wie in einer niedlichen Puppenwelt. Besonders schön sind aus dieser Perspektive Gewässer, wie etwa die in der Sonne glitzernde Dhünntalsperre.

Auszeit vom Alltag

Vom Schüler über den Beamten bis hin zum Pensionär – die Menschen, die bei Kloss eine Ballonfahrt buchen, sind ganz unterschiedlich. Gemeinsam ist ihnen allen eine gewisse Neugier und Fantasie. So haben sich in luftiger Höhe schon häufig intensive Gespräche und sogar Freundschaften entwickelt. Zu vielen ihrer Gäste haben die Eheleute auch heute noch Kontakt. Und an der viel zitierten „Freiheit über den Wolken" muss irgendetwas dran sein. Denn es stellt sich tatsächlich ein Gefühl der Distanz zu den Dingen, die man am Boden zurückgelassen hat ein.

Das Innenleben einer Ballonhülle

Zwei Ballone gewinnen rasch an Höhe

Sanfte Landung und rituelle Taufe

Nach anderthalb Stunden steht dann die Landung an. Der Ballon hüpft ein paar Mal, bevor er sicher zum Stand kommt. Die Erde hat die Ballonfahrer wieder. Es wird gemeinsam ein Gläschen Sekt getrunken und jeder Gast erhält seinen Ballonfahrernamen sowie eine Taufurkunde. Auch der im Schloss gepackte Picknickkorb wird jetzt ausgepackt. Da Angelika und Michael Kloss die Kombination aus Ballonfahren und gutem Essen selbst sehr schätzen, ist die Zusammenarbeit mit dem Schlosshotel Lerbach entstanden. Seit kurzem bieten sie gemeinsam diverse Ballon-Arrangements an: Vom Picknick-Korb in luftiger Höhe bis hin zum Sieben-Gänge-Menü nach der sicheren Landung – ganz nach den individuellen Wünschen der Gäste.

▶ Infos

Winterliche und natürlich auch sommerliche Ballonfahrten über der Kölner Bucht, der Eifel, dem Bergischen und Siegerland sowie Alpenfahrten organisiert:

Aeronautic Team
Michael & Angelika Kloss
Bettinger Weg 6
51545 Waldbröl
Tel. 02291/911284
info@aeronautic.de
www.aeronautic.de

VON SCHAFS-, ZIEGEN- UND KUHMILCH
Die Käseroute NRW

> ≫ Käse-Führungen und Verkostungen
> ≫ Der einzige „Tropfsteinhöhlen-Käse" der Welt
> ≫ Eintauchen in das bäuerliche Leben
> ≫ Uriges Bauerncafé bei Burscheid

Beim Thema Käse denkt man in NRW sofort an unsere holländischen Nachbarn. Deren Gouda zählt schließlich schon seit Jahren zu den meist verkauften Sorten. Käsefreunde schwärmen zudem von französischen Camembert, italienischen Parmesan und spanischen Manchego. Aus Nordrhein-Westfalen werden selbst ausgewiesene Kenner wahrscheinlich nur den Nieheimer Käse kennen. Wir sind einfach kein klassisches Käseland. Umso erstaunlicher sind das breite Angebot und die hohe Qualität des hier hergestellten Käses. Um sich ein kleines bisschen bekannter zu machen, haben die nordrhein-westfälischen Käsebauern jetzt die „Käseroute NRW" gegründet. Zwei besonders interessante und dabei ganz unterschiedliche Betriebe der Route finden Besucher im Bergischen Land.

Der Thomashof in Burscheid
Die Idee zum Käsehof wurde auf Texel geboren. 1985 machte Familie Thomas auf der Insel Urlaub und Vater Eberhard Thomas besuchte einen kleinen Bauernhof, wo der Käse vor den Augen der Touristen hergestellt und auch gleich verkauft wurde. Das Ganze gefiel ihm so gut, dass er es auf dem heimischen Hof in Burscheid nachmachte. Seither ist das Unternehmen ständig gewachsen. Mittlerweile grasen 150 Kühe auf den Weiden. Dass die Tiere Ausgang bekommen, ist auf dem Thomashof selbstverständlich. Genauso selbstverständlich wie Futter selbst anzubauen – denn nur so kann die Familie sicher sein, was sie ihren Kühen verfüttert. Aus deren Milch stellt Sohn Oliver Thomas dann die unterschiedlichsten Produkte her. Neben 18 verschiedenen Gouda-Varianten produziert der Molkereimeister auch Camembert, Frischkäse, Quark und Joghurt.

Alles in Eigenproduktion
Im Hofeigenen Restaurant können Besucher all das probieren. Es gibt natürlich diverse Käsegerichte, wie Raclett, Käseomlett, Rösti und Nudelauflauf. Und auch einen hausgemachten Käsekuchen. Besonders beliebt ist

Die neugierigen Bewohner des Ziegenstalls in Much

das reichhaltige Frühstücksbuffet im Bauerncafé, das täglich von 9.00–11:45 Uhr angeboten wird. Für 12,60 Euro ist hier alles inklusive: Die Getränke, sämtliche Milch- und Käseprodukte und auch alles andere, was zu einem ländlichen Frühstück gehört – alles made im Bergischen Land.

Mittwoch ist Tauschtag
Die regionalen Produkte kommen jeden Mittwoch frisch ins Haus. Dann ist nämlich Tauschtag auf dem Hof. Die Bauern aus der Region bringen Fleisch, Eier, Obst und Gemüse und nehmen dafür Käse und Milchpro-

Zu Recht stolz auf die eigenen Produkte: Oliver Thomas im Käsekeller des Thomashofs ...

dukte mit. Eine Regelung, von der die Kunden nur profitieren. Denn sie können so in den Hofläden des Bergischen Landes eine breite Produktpalette erwerben und wissen dabei stets, woher die Ware stammt. Viele der Bergischen Betriebe führen die Gäste auch herum. So auch der Thomashof, wo Besichtigungen ab nach vorheriger Absprache möglich sind. Die Käse-Führungen kosten 1,50 Euro und enden immer mit einer kleinen Verkostung. In der Regel führt Eberhard Thomas die Besucher selbst durch die Käserei und in die Stallungen. Als Vorsitzender der Käseroute fühlt er sich dem Thema besonders verbunden. Der NRW-weite Zusammenschluss hat zurzeit rund 24 Mitglieder. Ein paar Betriebe geben allerdings nur ein kurzes Gastspiel, da sie die mit der Käseherstellung verbundene Arbeit un-

... und Jule Schmitz in ihrem Käsekeller

> ▶ **Extra-Tipp**

Beide Höfe – der Thomashof und auch die Käsekiste – lassen sich mit schönen Wanderungen verknüpfen. Die Weiden und Wiesen in Burscheid grenzen direkt an das malerische Eifgental, für das der Sauerländische Gebirgsverein einige schöne Touren ausgearbeitet hat. In Much hat das Tourismusbüro des Ortes insgesamt 13 Rundwanderwege in der Region ausgewiesen. Einer von ihnen ist der „Lyrikweg", der neben dem Landschaftsgenuss auch noch mit Gedichten am Wegesrand aufwartet. Insgesamt zwölf Gedichte des Lyrikers Arnold Leifert begleiten die Wanderer auf dem 9,5 Kilometer langen Weg.

terschätzt haben. Wer länger dabei ist, hat viel kreatives Potenzial und ein hohes Durchhaltevermögen – so wie Jule Schmitz.

Jule's Käsekiste in Much

Jule Schmitz betreibt in Much eine kleine Käserei, in der 25 verschiedene Käsesorten hergestellt werden. Das Besondere an ihrem Käse ist, dass er aus Rohmilch gewonnen wird. Rohmilch gilt als wesentlich geschmack- und gehaltvoller als pasteurisierte Milch. Allerdings verdirbt sie auch leichter, was die meisten Produzenten zurückschrecken lässt. Bei Jule Schmitz, einer gelernten Krankenschwester, ist das anders. Hygiene ist ein wichtiger Bestandteil der Ausbildung zur Krankenschwester, und so weiß sie aus ihrem ersten Beruf genau, was getan werden muss, um schädliche Bakterien vom Käse fernzuhalten. Und so gelingen ihre Produkte stets. Es gibt Schnitt- und Weichkäse, aus Kuh- und aus Ziegenmilch, mit Chili, grünem Pfeffer, Tomatensaft, Knoblauch, Bockshornklee und Brennnesseln

– ihrer Experimentierfreude setzt nur der Käuferwille Grenzen; denn häufig kaufen Kunden nur das, was sie kennen.

Gereift in der Tropfsteinhöhle – der Atta-Käse

Mit dem Atta-Käse bietet Jule Schmitz sicherlich den ungewöhnlichsten Käse Nordrhein-Westfalens an. In den Tiefen der größten Tropfsteinhöhle Deutschlands reift der Käse völlig unbehelligt von Licht und Lärm. Zwischen Stalaktiten und Stalagmiten lagern hier Hunderte Laiber. Da er in einem abgetrennten Nebenstollen liegt, können die Besucher der Höhle ihn zwar nicht in Augenschein nehmen; riechen kann ihn aber jeder, der die Atta-Höhle betritt. Diese Abgeschiedenheit in der dunklen, feuchten Höhle verleiht dem Käse sein ganz besonderes Aroma. Wie alle anderen Produkte aus Much hat auch der Atta-Käse keine künstlichen Zusätze. Farb- und Aromastoffe kommen Jule Schmitz nicht in den Käse. Der hat sie auch einfach nicht nötig. Denn wenn man alles – angefangen beim Füttern – in mühsamer Handarbeit macht, entwickelt der Käse ganz von allein einen intensiven Eigengeschmack.

Ziegen streicheln und gelegentlich ein Käse-Seminar

Ein richtiges touristisches Angebot gibt es Much nicht – dafür ist der Hof zu klein und macht viel zu viel Arbeit. Wer Interesse hat, kann aber jederzeit in den Ziegenstall gehen und die neugierigen Bewohner streicheln. Auch werden alle Erzeugnisse direkt auf dem Hof verkauft. Und wer einmal einen Schluck frische Ziegenmilch probieren möchte, kann das bei Jule auch jederzeit tun. Gelegentlich bietet die Käsebäuerin auch Seminare an. Für zehn Euro werden die Besucher dann in allen Fragen der Käseherstellung geschult und anschließend gibt es natürlich eine Verkostung.

Ländliche Idylle – der
Thomashof in Burscheid

▶ INFOS

**Allgemeine Infos
zur Käseroute NRW**
www.kaeseroute-nrw.de

Jule's Käsekiste
Reinshagen 14
53804 Much
Tel. 02245/3021
Fax 02245/912671
info@juleskaesekiste.de
www.juleskaesekiste.de

**Infos zu den Wanderungen in
der Region Much:**
Tourismusbüro
Hauptstraße 12
53804 Much
Tel. 02245/610888
Fax 02245/610841
tourismus@much.de
www.muchtourismus.de

Thomashof
Hammerweg 69
51399 Burscheid
Tel. 02174/61268
info@thomashof-burscheid.de
www.thomashof-burscheid.de

**Infos zu den Wanderungen in
der Region Burscheid:**
Sauerländischer Gebirgsverein –
Bezirk Bergisch Gladbach
Broicher Straße 29
51429 Bergisch Gladbach
Tel. 02204/51415
Fax 02204/423670
bezirk@sgv-bergischesland.de
www.sgv-bergischesland.de

Der Klangpfad in Nümbrecht
So klingt die Natur

> ›› Schöne Wanderung mit verschiedenen Klangstationen
> ›› Lehrreich und unterhaltsam zugleich
> ›› Aussichtsturm mit Blick über das gesamte Bergische Land

Haben Sie schon einmal Ihren Kopf in einen Summstein gesteckt? Oder Openair auf einem Holz-Xylophon gespielt? Derlei Dinge können Wanderer entlang des Klangpfades in Nümbrecht tun. Der Pfad ist 2006 eröffnet worden und ermöglicht spannende Einblicke in die Natur des Bergischen Landes.

Entlang von sechs Klangstationen
Entlang von sechs Klangstationen führt der rund zwei Kilometer lange Weg vom Schloss Homburg zum Aussichtsturm auf dem Lindchen – wer möchte kann die Strecke auch in ungekehrter Richtung laufen. Sie führt über weichen Naturboden und durch dichte Wälder. Wer beim Schloss startet, passiert als erste Klangstation den Summstein. In einem großen massiven Stein ist ein kreisrundes Loch; wer seinen Kopf dort hineinsteckt und zu summen beginnt, wird schnell merken, wie sich das leise Summen zu einem spürbaren Dröhnen entwickelt. Das Echo des Steines wirft den Ton vielfach zurück und lässt den ganzen Körper vibrieren.

Leben auf der Streuobstwiese
Die nächste Station zeigt das Leben auf der Streuobstwiese. Auf einer großen Tafel sind sämtliche Bewohner des Biotops zu sehen: Igel, Erdkröten, Neuntöter, Beißschnecke und noch viele weitere Bewohner lassen auf Knopfdruck ihre „Stimme" ertönen. Zu dem Schnaufen, Zirpen und Grunzen gibt es Erklärungen über das Leben der Tiere. Das Ganze ist sicherlich „pädagogisch wertvoll", aber niemals belehrend oder gar langweilig.

Der Vogelwecker – Gesänge around the clock
Die nächste Station ist der Vogelwecker. In der Reihenfolge, wie die Vögel ihre morgendlichen Gesänge erklingen lassen, sind sie auch an die-

Zu Füßen von Schloss Homburg liegt die Biologische Station von Nümbrecht. Hier starten die Führungen zum Klangpfad

ser Station zu hören. Der Gartenrotschwanz und das Rotkehlchen werden gegen drei Uhr früh aktiv. Singdrossel und Kuckuck sind rund 40 Minuten später dran. Ein Bewohner des Bergischen Landes – der Waldkauz – könnte eigentlich wegen Ruhestörung belangt werden, denn er krakelt die ganze Nacht. Insbesondere das Männchen lässt ein scheußliches Heulen erklingen.

Holz-Xylophon

Wenige Meter weiter steht das Holz-Xylophon. Um es zum Klingen zu bringen, muss man sich schon etwas mehr ins Zeug legen, als nur einen Knopf drücken. Schwere hölzerne Stöcke hängen an Drahtseilen befestigt neben dem ungewöhnlichen Xylophon. Wer mit ihnen die einzelnen Stämme des Musikinstruments bearbeitet, merkt, wie unterschiedlich die Hölzer klingen. Je nach Baumart und Dichte ertönen Rotbuche, Kirsche, Esche, Heimbuche und Eiche hell oder dunkel, dumpf oder voll.

Tierspuren suchen

Die nächste Station ist eigentlich mehr eine Tast- denn eine Klangstation. Für ordentlichen Lärm sorgt hier lediglich ein hölzerner Specht, den man mit Hilfe einer langen Leine zum Hämmern bringen kann. Spannend ist die Station aber trotzdem. Zuerst läuft man – nach Möglichkeit barfuß – über verschiedene Böden; dann erkennt bzw. erfühlt man unterschiedliche Tierspuren im Boden. Reh-, Fuchs und Hasenfährten können so ausgemacht werden.

Kleines Gespräch am Baumtelefon

Die letzte Klangstation ist ein Baumtelefon. Es ist schon erstaunlich, wie perfekt der Holzstamm ein leises Klopfen oder Kratzen über 15 Meter weiterleitet. Nicht nur wir Menschen nutzen die guten Resonanzeigenschaften des Holzes für Musikinstrumente; auch Tiere bedienen sich ihrer. So hören und fühlen sie, wenn sich ein Feind auf dem Bauch anschleicht.

Aussichtsturm auf dem Lindchen

Wer noch genügend Puste hat, kann zum Abschluss des Klangpfades die 154 Stufen des Aussichtsturmes erklimmen. Bei guter Sicht wird man oben

▶ **Extra-Tipp**

Der Klangpfad ist von der Biologischen Station in Nümbrecht errichtet worden. Die Mitarbeiter bieten regelmäßig Führungen an. Die rund zweistündige Exkursion kostet pro Person drei Euro und wird immer von einem Biologen durchgeführt.

Auf Knopfdruck rufen Rotkehlchen und Waldkauz – der Vogelwecker des Klangpfades

mit einer spektakulären Aussicht belohnt – der Blick reicht bis zum rheinischen Sieben- und zum sauerländlichen Rothaargebirge. Nach Wanderung und Turm-Aufstieg steht den meisten Ausflüglern der Sinn nach Rast. Diesen Wanderern das Restaurant Holsteinsmühle zu empfehlen. Die ehemalige Mühle liegt in unmittelbarer Nähe des Homburger Schlosses und gehörte noch bis vor einigen Jahren den Fürsten zu Sayn-Wittgenstein-Berleburg. Heute ist in dem Gebäude ein uriges Lokal untergebracht, in dem typisch bergische Kost serviert wird.

▶ **Infos**

Biologische Station Oberberg
„Rotes Haus"
Schloss Homburg 2
51588 Nümbrecht
Tel. 02293/9015-0
Fax 02293/901510
bs-oberberg@t-online.de
www.BioStationOberberg.de

Eifel

28 | *Kulinarisches Monschau*
Von Senfmüllern und Kaffeeröstern

36 | *Wanderungen im Hohen Venn*
Unterwegs auf alten Schmugglerpfaden

40 | *Wasserland Eifel-Ardennen*
Von Flusskrebsen und Perlmuscheln

44 | *Die Vulkaneifel*
Erdgeschichte vor der Haustür

Verkaufsladen der Senfmühle in Monschau

EIFEL

KULINARISCHES MONSCHAU

Von Senfmüllern und Kaffeeröstern

- 〉〉 kulinarischer Streifzug durch Monschau
- 〉〉 Gourmetkaffee in Handarbeit
- 〉〉 Senfmenüs in einer der letzten Senfmühlen Europas
- 〉〉 Schinken, Forelle und Gemüse aus der Räucherkammer

Die schönsten Fachwerkhäuser der ganzen Eifel, Natur im Überfluss und die alljährlich stattfindenden Klassik-Festspiele – es gibt viele Gründe nach Monschau zu fahren. Doch eigentlich müsste man Monschau des Genusses wegen besuchen! Denn das Eifel-Städtchen ist ein El Dorado für Feinschmecker. Und um zur ersten kulinarischen Offenbarung zu gelangen, braucht man einfach nur der eigenen Nase folgen. Sie wird einen zielsicher zu den Kaffeeröstern der Stadt führen.

Senf war die erste kulinarische Offenbarung in Monschau

Bild Seite 29:
Ein besonderer Genuss:
die Caffee-Schokolade

Die kleine Kaffee-Rösterei der Brüder Maasen wirkt wie eine Miniatur-Ausgabe des berühmten Münchener Kaffeehauses Dallmayer

Alte Familientradition wieder belebt

Die klitzekleine Kaffeerösterei der Brüder Maassen sieht aus wie eine Miniaturausgabe des berühmten Münchener Kaffeehaus Dallmayr. Mit ihrer Kaffeerösterei lassen die Brüder Maasen eine alte Familientradition wieder aufleben. Bereits 1862 hatten die Urgroßeltern im gleichen Haus frischen Kaffee zubereitet; zwischenzeitlich war das Geschäft aber unrentabel geworden und musste geschlossen werden. Heute interessiert man sich bundesweit wieder für den hochwertigen, Magen schonenden Kaffee von Maasens. Um diese Qualität zu erreichen, werden die Bohnen in einem altertümlichen Trommelröster geröstet. Peter Maassen zieht alle paar Sekunden eine Probe, um die Farbe der Bohnen zu prüfen. Denn der richtige Moment entscheidet über Geschmack und Bekömmlichkeit des Kaffees. Die Bitterstoffe, die vielen Menschen zuschaffen machen, lassen sich nämlich nur bei niedrigen Temperaturen ganz allmählich wegrösten. Natürlich ist der Gourmet-Kaffee ein bisschen teurer als die im Eilverfahren geröstete Supermarktware. Doch dafür wird bei Maassen wirklich alles in Handarbeit gemacht: Die Guten ins Töpfchen, die Schlechten ins Kröpfchen – wie im Märchen erfolgt hier sogar das Verlesen der Bohnen noch per Hand.

Vennbrocken und Dütchen zum Kaffee

Nur wenige Meter weiter, im Café Pröpper, bekommt man das passende Gebäck zum Kaffee. Vennbrocken und Dütchen sind DIE Monschauer Spezialitäten. Vennbrocken bestehen aus Marzipan, Cointreau und Schokolade. Ihren ungewöhnlichen Namen verdanken sie ihrem Aussehen, das an kleine Torfstücke erinnert. Beim Dütchen ist die Herkunft einfach zu entschlüsseln – man muss nur das D gegen ein T austauschen. Und wie Tütchen sieht das Backwerk auch aus. Serviert wird das krosse Biskuitgebäck traditionell mit heißen Kirschen und Schlagsahne.

Bild Seite 31:
Alles in Handarbeit. Aufwändige Herstellung garantiert den besonderen Geschmack

Senfmüller Guido Breuer ist ein Original und tritt regelmäßig im Fernsehen auf

Altes Herstellungsverfahren und moderne Kreationen

Ein paar hundert Meter oberhalb der Monschauer Altstadt liegt die bekannteste kulinarische Einrichtung Monschaus. Guido Breuer und seine Tochter Ruth betreiben hier eine der letzten Senfmühlen Europas. Wie vor Hunderten von Jahren Große zermahlen große, grobe Basaltsteine die Senfkörner. Das Ergebnis kann sich schmecken lassen. Zumal Familie Breuer immer neue Senf-Kreationen erfindet, wie den Johannesbeersenf. Ruth Breuer empfiehlt ihn zu Wild, aber auch zu Matjes und Forelle – kombiniert mit etwas Sahne. Sogar zu Ziegenkäse und Rotkohl passt der vielseitige Senf. Die jüngste Erfindung des Hauses ist der Ingwer-Ananas-Senf. Fast ein Jahr lang haben Breuers an diesem Senf getüftelt, um die starke Eigenschärfe des Ingwers abzumildern. Nach allerlei Versuchen hat sich dann die Ananas gegen Mango und Kiwis durchgesetzt. Ein Hauch Banane schafft eine zusätzliche Süße. Der Senf passt hervorragend zu Lammkotelett und Geflügel. Von den insgesamt 18 Senf-Mischungen kann man stets mehrere im Restaurant probieren und alle im Mühleneigenen Shop erwerben. Ganz Mutige finden hier auch Senfpralinen.

Bild Seite 33:
Ein Ort wie gemalt:
Monschau

Führungen in der alten Mühle

Regelmäßig führt Guido Breuer Besucher durch die Räumlichkeiten und erklärt Herstellung und Historie des Senfs. Dabei erfährt man, dass Senf bei den Römern nicht als Genussmittel, sondern als Heilmittel geschätzt wurde. Die ätherischen Öle des Senfs wirken nämlich antibakteriell. Senf fördert zudem die Verdauung und viele schwören auch auf Senfwickel bei Halsschmerzen. Neuere Untersuchungen legen die Vermutung nahe, dass die sekundären Pflanzenstoffe des Senfs auch eine Krebsvorbeugende Wirkung haben.

Überraschende Senfgerichte

Im Mühleneigenen Restaurant „Schnabuleum" wird aus der Theorie dann viergängige Praxis. Suppen, Vor- und Hauptspeisen, sowie Desserts werden hier alle mit Senf verfeinert. Auf der Karte liest sich das dann wie folgt:

18 verschiedene Senf-Kreationen – weitere werden bei der Kreativität der Monschauer Senfmüllern sicher folgen

Monschauer Senfcremesüppchen, Eifler Senfbraten, oder Senfparfait auf heißen Früchten. Die Gerichte variieren je nach Saison; die Senfzugaben bleiben das ganze Jahr über. Und auch die Konzentration auf heimische Lebensmittel. Ganz bewusst setzt man in der Senfmühle und auch in vielen anderen Lokalen der Region mittlerweile auf Eifel-Produkte. Zu erkennen sind die Betriebe an dem Logo „Eifel Gastgeber".

Romantik in der Räucherkammer
Noch ein altes Handwerk kommt in Monschau zu neuen Küchenehren: das Räuchern. Durch die sanfte, schonende Garmethode bleiben Vitamine, Mineralien und bei Fischen die wichtigen Omega-Fettsäuren erhalten. In der Hubertusklause hat Inhaber und Koch Klaus Zimmermanns eine traditionelle Räucherkammer eingebaut, die er interessierten Gästen gerne vorführt. Hier räuchert er Forellen, Schinken, Entenbrüstchen und gelegentlich auch Kartoffeln. Alle Produkte stammen unmittelbar aus der Eifel. Und auch sonst setzt der Hotelier ganz auf regionale Erzeugnisse. So findet man den Senf von Breuers und den Kaffee von Maassens in der Hubertusklause. Seit sechs Jahren leitet Klaus Zimmermanns das romantisch gelegene Restaurant in den Hügeln von Monschau. Die Wälder und Wiesen der Region sind für ihn besser als jeder Großmarkt. Hier erntet er Wildkräuter für seine Küche. Allen voran den Bärlauch, der früher wegen seiner Blutdrucksenkenden Wirkung als Arzneimittel galt. Klaus Zimmermanns verwendet ihn für Pesto, Fischgericht und verschiedene Buttersorten. Und aus jungem Löwenzahn macht er köstliche Gelees, Marmeladen und Tees. Immer samstags finden in der Hubertusklause zudem Kochkurse statt. Auch dabei stehen die Wildkräuter und heimischen Produkte im Mittelpunkt.

▶ **INFOS**

Caffeerösterei Maassen
Stadtstraße 24
52156 Monschau
Tel. 02472/8035880
www.caffeeroesterei.de

Historische Senfmühle
Laufenstraße 116-124
52156 Monschau
Tel. 02472/2245
info@senfmuehle.de
www.senfmuehle.de

Restaurant & Hotel Hubertusklause
Bergstraße 45
52156 Monschau
Tel. 02472/803650
Fax 02472/803651
welcome@hubertusklause-monschau.de
www.hubertusklause-monschau.de

Monschau-Touristik
Stadtstraße 16
52156 Monschau
Tel. 02472/80480
touristik@monschau.de
www.monschau.de

Wanderungen im Hohen Venn
Unterwegs auf alten Schmugglerpfaden

>> Geführte Touren auf alten Schmugglerpfaden
>> Seltene Tiere und Pflanzen
>> Picknick an des Kaisers Ruhestätte
>> Zu jeder Jahreszeit reizvoll

Das Letzte, was man im Moor erwartet, ist ein intensives Farbenspiel. Dabei lässt der dunkel glitzernde Boden alle anderen Farben umso intensiver leuchten: Das Rotgold der Blätter, das Lila des Heidekrauts und das pure Weiß des Wollgrases. Die Schönheiten einer Moorlandschaft lassen sich am besten bei einer Wanderung erleben. Ausgebildete Wanderführer führen die Gruppen im Hohen Venn über hölzerne Stege, weiche Graspfade und nachgiebige Lehmböden. Das „Hohe Venn" ist eine Hochebene zwischen Deutschland und Belgien. Von der ursprünglich rund 1000 ha großen Hochmoor- und Heidelandschaft ist heute nur noch etwa ein Zehntel im ursprünglichen Zustand erhalten. Der größte Teil davon liegt auf belgischer Seite; einige schöne Abschnitte finden Besucher aber auch in der Eifel. Die Wege, die die Wanderer heute gehen, dienten früher den

Immer schön auf den ausgeschilderten Wegen bleiben – „wilde" Wanderer sind im Hohen Venn nicht gerne gesehen

Auf diesen wuchtigen Quadritfelsen soll der Sage nach Kaiser Karl übernachtet haben. Heute spielen hier Kinder

Schmugglern. Nach dem Zweiten Weltkrieg herrschte im deutsch-belgischen Grenzgebiet ein reger Schleichhandel. Insbesondere Kaffee wurde illegal über die Grenze gebracht, da er durch die hohen Zölle in Deutschland zum absoluten Luxusgut geworden war.

Vom Mützenicher Fußballplatz in den Kölner Klingelpütz

Unterwegs erzählen die Wanderführer ihren Gästen Geschichten aus der Zeit, als das kleine Eifelörtchen Mützenich in ganz Nordrhein-Westfalen als Zentrum der Schmugglerbanden bekannt war. Besonders beliebt ist die Anekdote vom Turnsportverein Mützenich. Der kleine Fußballclub stand unmittelbar vor dem Aufstieg in die erste Kreisklasse, als der Zoll zuschlug und Dutzende junge Mützenicher verhaftete. Statt ihrer Mannschaft zum Sieg zu verhelfen, saßen die jungen Schmuggler im Kölner Klingelpütz, dem nächst größeren Bezirksgefängnis, und haderten mit ihrem Schicksal. Wo früher Räuber- und Gendarm gespielt wurde, genießen heute Urlauber die Natur. Und damit die erhalten bleibt, werden die Besucherströme im Hohen Venn gelenkt.

Von Naturschützern und Gattenmördern

Die ganze Region ist in Zonen eingeteilt. In den Zonen A und B dürfen sich die Wanderer frei bewegen; Zone C darf nur mit einem autorisierten Venn-Führer betreten werden und Zone D gar nicht! Angeblich hat die

Das frühere Schmugglergebiet ist ein Refugium für seltene Tiere und Pflanzen

belgische Justiz früher einmal das Betreten der verbotenen Zone strenger geahndet als den Gattenmord. Das Ganze dient dem Schutz seltener Venn-Bewohner, wie dem Birkhuhn. Wenn es nicht aufgeschreckt wird, kann es hier in Ruhe brüten und fressen – bevorzugt Blau-, Rausch und Preiselbeeren, die Lieblingsspeise der Vögel. Die Erfolge des konsequenten Naturschutzes ließen nicht lange auf sich warten. Die Birkhühner vermehren sich und es sind sogar schon vereinzelte Luchse im Hohen Venn gesichtet worden.

Jede Jahreszeit hat ihren Reiz
Neben den Beerensträuchern wachsen das saftige Pfeifengras und auch vereinzelte Moorbirken. Die knorrigen, verwachsenen Bäume wirken in der ansonsten sanften Landschaft seltsam bizarr. Das Besondere am Venn ist, dass es zu jeder Jahreszeit einen sehr speziellen Reiz hat. Im Frühjahr und Frühsommer blüht das Wollgras und der Siebenstern – das Wahrzeichen des Hohen Venns. Die unscheinbaren kleinen Gewächse werden erst bei genauerem Hinsehen interessant. Dann erkennt man die sieben weißen Blütenblätter, die der Pflanze ihren Namen gegeben haben. Im

Herbst strahlt das Heidekraut in all seinen Farben und der winterliche Schnee verwandelt den verbliebenen Krüppelbewuchs in eine fremdartige Märchenlandschaft.

Rast an des Kaisers Ruhestätte

Für ein Picknick wählen viele Wandergruppen einen besonderen Ort im Venn – genannt Kaiser Karls Bettstatt. Der Sage nach hat Karl der Große sich bei einem Jagdausflug im Hohen Venn verirrt und war gezwungen, fernab seiner Aachener Residenz im Freien zu übernachten. Als Ruhestätte soll er sich einen wuchtigen Quarzitfelsen ausgesucht haben, der in einer kleinen Lichtung liegt. Doch da die Felsen gewaltig und Kaiser Karl eher klein war, tendieren Ortskundige dazu, die Geschichte der Fabelwelt zuzuordnen – schön ist die trotzdem und der romantische Ort der ideale Platz für eine Rast.

▶ **INFOS**

Monschauer Land Touristik e.V.
Seeufer 3
52152 Simmerath
Tel. 02473/93770
Fax 02473/937720
info@eifel-tipp.de
www.eifel-tipp.de

Wasserland Eifel-Ardennen
Von Flusskrebsen und Perlmuscheln

>> Unterwegs auf dem „Amazonas der Eifel"
>> Die Heimat von Flusskrebsen, Perlmuscheln und Bibern
>> Wassersport-Paradies

Wassersport-Fans müssen nicht unbedingt an die Küste fahren – das Wasserland Eifel-Ardennen bietet jede nur erdenkliche Aktivität auf und am Wasser. Eingerahmt vom Nationalpark Eifel-Ardennen finden Besucher hier zudem eine Fauna und Flora vor, die bereits als ausgestorben galt.

Der Amazonas der Eifel
Sonnenlicht tanzt auf dem Wasser und lässt es in allen Farben zwischen türkis und tiefblau schimmern. Und wo das Blau des Sees aufhört, beginnt das Grün der Wälder. Wegen ihrer Urtümlichkeit wird die Gegend auch als „Amazonas der Eifel" bezeichnet. Denn wie im Amazonasgebiet schlängeln sich die Seen durch die Täler und die vielen Spiegelungen lassen den Wald noch gewaltiger erscheinen, als er ohnehin schon ist. Den besten Blick auf die urwüchsige Landschaft hat man von Bord der Ausflugsboote, die regelmäßig auf dem Obersee verkehren. Mit Elektromotoren gleiten die Boote fast lautlos über das Wasser. Sie fungieren als Wassertaxis und legen an allen Stellen an, die für Besucher interessant sind. So gelangt man zu Orten, die man mit dem Auto nicht erreicht – zu idyllischen Wanderwegen, lauschigen Picknick-Plätzen und fantastischen Aussichtspunkten. Den spektakulärsten Ausblick bietet die historische Staumauer an der Urfttalsperre. Bereits 1905 wurde der gewaltige Bau fertig gestellt, der seither als Modell für viele andere Talsperren in Europa diente. Von hier oben sieht man Reiher über die Seen fliegen, Segelboote im Wind und das tanzende Sonnenlicht auf dem Wasser.

Von Krebsen, Perlmuscheln und Bibern
Der konsequente Naturschutz hat einige Bewohner in die Eifel zurückkehren lassen, die bereits als ausgestorben galten. So ist die sehr seltene Perlmuschel wieder in den Flüssen gesichtet worden. Die Tiere sehen aus wie überdimensionale Miesmuscheln und in ihrem Inneren schimmert geheimnisvoll die Perlmuttkugel. Da sich aber nur in jeder 2000ten Muschel eine der begehrten Perlen bildet, wurden die Tiere so intensiv gejagt, dass nur wenige Exemplare überlebten. Wer nicht das Glück hat deren Nachfahren in freier Wildbahn zu erblicken, kann die Muscheln auch in einer

Ein Paradies für Wassersportler – das Wasserland Eifel-Ardennen

Ausstellung bewundern. „Fließ & Stillgewässer im Nationalpark Eifel" heißt die Präsentation im Nationalparktor Simmerath-Rurberg. Hier kann man nicht nur schauen, sondern auch fühlen und vor allem hören.

▶ **Extra-Tipp**

Welche Wassersportarten wo möglich sind, listet die Infobroschüre „Wasserland" detailliert auf. Sie liegt in den Tourist Informationen der Region aus bzw. ist kostenlos über die unten genannten Adressen zu beziehen.

Geheimnisvoll schimmert es in den Perlmuscheln

Bild Seite 42:
Die historische Staumauer der Urfttalsperre

Erzählungen von früher

Am liebsten lauschen die Besucher den Geschichten über die vielen Krebse, die früher einmal in den Gewässern der Eifel lebten. Ältere Menschen können sich noch gut daran erinnern, wie sie in ihrer Jugend beim Schwimmen stets Gefahr liefen mit den Scheren der Krebse zu kollidieren. Um die begehrten Delikatessen gefahrlos zu fangen, wurden damals Schleppnetze über den Flussgrund gezogen, was den Bestand der Krebse gefährlich dezimierte. Heute hat sich die Population erholt und die Tiere werden wieder häufiger in der Eifel gesehen Und noch ein Ureinwohner ist in der Region zurückgekehrt: der Biber. Wegen seines wertvollen Fells war er vor gut 100 Jahren gänzlich ausgerottet worden. Die Tiere, die heute in der Eifel ihre Höhlen bauen, stammen aus einer polnischen Zuchtstation. Aber offensichtlich fühlen sich die Biber in der Eifel wohl, denn sie vermehren sich rege. Das trifft auch auf das Bachneunauge, einen sehr seltenen Fisch, und die europäische Wildkatze zu, die Wanderer mit etwas Glück in den frühen Morgenstunden an den Seen beobachten können.

Wassersport-Paradies

Zum Wohle der Natur ist Wassersport nicht auf allen Seen des Nationalparks gestattet. Es gibt aber genügend Gewässer auf denen man Segeltörns oder Kanu- und Tretbootfahrten machen kann. Auch Tauchen und Wasserski ist vielerorts möglich. Dazu kommen zwei Naturbadeseen, in denen sich das Wasser selbst reinigt.

▶ INFOS

Eifel Tourismus
Kalvarienbergstraße 1
54595 Prüm
Tel. 06551/96560
Fax 06551/965696
info@eifel.info
www.eifel.info

Rursee-Touristik
Seeufer 3
52152 Simmerath-Rurberg
Tel. 02473/93770
info@rursee.de
www.rursee.de

Nationalpark-Tor Rurberg
Seeufer 3
52152 Simmerath-Rurberg
Tel. 02473/93770
Fax 02473/937720
www.nationalparktor.de

Die Vulkaneifel
Erdgeschichte vor der Haustür

> » Einzigartige Landschaft
> » Simulierte Erdbeben und Vulkanausbrüche
> » Bezahlbare Rundflüge über die Vulkaneifel
> » Kulinarische Interpretationen der Landschaft

Ein aufgewühltes Meer – bestehend aus lauter grünen Wellen. So kann man die Kuppellandschaft der Vulkaneifel am ehesten beschreiben. Bei der Einteilung der Bundesländer ist der größte Teil dieser einmaligen Landschaft zwar zu Rheinland-Pfalz gekommen; für die Bewohner der Eifel ist ihre Region aber einfach DIE Eifel und die meisten Urlauber kommen ohnehin aus Nordrhein-Westfalen, daher findet sich die Vulkaneifel auch in diesem Reiseführer.

Von schlafenden Vulkanen und Jahrtausende alten Kraterseen
Insgesamt 350 Vulkane und 75 so genannte Maare gibt es in der Vulka-

Das Holzmaar ist das bestuntersuchte Maar der Welt

Blick aus dem Cockpit über die Vulkaneifel

neifel. Maare sind Krater, die vor Urzeiten durch gewaltige Explosionen entstanden sind. Bei geführten Exkursionen lernen Besucher schnell, das Alter der Maare zu bestimmen: Junge Maare, so erfährt man, sind mit Wasser gefüllt und geben im Sommer wunderbare Badeseen ab. In etwas älteren Maaren haben sich bereits Moore gebildet und die ältesten Maare sind mittlerweile ganz mit Land überzogen, so dass es Laien schwer fällt sie zu entdecken. In ihrer Vielfalt sind die Eifel Maare einzigartig auf der Welt. Doch nicht nur sie machen die Vulkaneifel für Urlauber und Hobby-Geologen so interessant.

Der nächste Vulkanausbruch kommt bestimmt
Auch der Umstand, dass die Eifelvulkane noch aktiv sind und eines Tages wieder ausbrechen werden, ist für Viele ungeheuer spannend. Der Leiter des Geoparks Vulkaneifel, Dr. Andreas Schüller, erklärt bei seinen Füh-

EIFEL

Solche Brocken sind bei den Vulkanausbrüchen durch die Luft geflogen

rungen, dass der jüngste Vulkan Deutschlands, das Ulmener Maar, vor knapp 11.000 Jahren ausgebrochen ist. Und statistisch gesehen, bricht in der Eifel alle 10-15.000 Jahre ein Vulkan aus. Demzufolge könnte es morgen, aber vielleicht auch erst in 4.000 Jahren der Fall sein, dass die Region sich mit einer derartigen Naturgewalt auseinandersetzen muss.

Der einzige Kaltwasser-Geysir Deutschlands

Geologische Exkursionen werden in der Eifel zu den unterschiedlichsten Themen angeboten. Sie führen beispielsweise zu erloschenen Vulkanen, den rund 180 Mineralquellen der Region oder dem einzigen Kaltwasser-Geysir Deutschlands. Alle 50 Minuten schießt unter lautem Getöse in dem kleinen Eifelörtchen Wallenborn eine mächtige Fontäne in die Luft. Dass Erdgeschichte unglaublich spannend ist, erfahren Besucher auch in den Museen der Region. In ihnen werden Vulkanausbrüche und Erdbeben simuliert; man sieht Steine, die so selten sind, dass die ganze Fachwelt sie der Eifel neidet und kann urzeitliche Dinosaurier-Fossilien bestaunen.

Kulinarische Inspirationen

Sogar kulinarisch haben sich die Eifler von ihrer Landschaft inspirieren lassen. So gibt es auf den Speisekarten der Region so ungewöhnlich klingende Gerichte wie Mineralwasser-Menü, Dolomitgesteins-Süppchen, Olivinbomben und Stricklava. Dolomitgesteins-Süppchen werden mit den Steinen gekocht und sind deshalb besonders reich an Mineralien. Die Olivinbombe ist ein leckerer Kuchen, der in seiner Form an Lavabrocken erinnert, und Stricklava ist nichts anderes als kunstvoll arrangierte Bandnudeln.

Sogar der Kuchen erinnert an Lavabrocken

Rundflug über die Vulkaneifel

Das wahrscheinlich schönste Vulkan-Erlebnis ist der Blick aus der Vogelperspektive auf die einzigartige Landschaft. Vom Flugplatz in Daun starten regelmäßig Maschinen zu Rundflügen über die Region. Mit 35 Euro sind sie durchaus bezahlbar und wer Glück hat, steigt zu Bernd Hein in die Maschine. Der begeisterte Sportpilot fliegt schon seit 50 Jahren. Unmittelbar vor dem Abheben erzählt er seinen Passagieren noch schnell, dass die Maschine selbst zusammengebaut sei. Was auch tatsächlich stimmt; die Flugfähigkeit ist dadurch aber keineswegs beeinträchtigt – im Gegenteil. Denn das, was Bernd Hein zusammen mit seinen Pilotenkollegen und Mechanikern aus einem Bausatz zusammengebastelt hat, ist ein besonders aerodynamisches Fluggerät. Es empfiehlt sich allerdings vor dem Abflug auf Kaffee und Olivinbombe zu verzichten. Denn in den engen Kurven hat man ansonsten schnell das Gefühl, dass letztere vielleicht doch noch explodieren will.

Unvergessliches Erlebnis

Aus dem Cockpit lässt sich dann die ungewöhnliche Landschaft der Vulkaneifel perfekt erkennen; man sieht das bewaldete Hügelmeer, die Vulkankegel und die Formationen der Maare. Und von hier oben realisiert man erst, wie konzentriert die vulkanischen Spuren in der Eifel sind – ein Eindruck, den man als Spaziergänger in dieser Intensität nie gewinnen wird. Deshalb sind nicht wenige Passagiere nach dem Rundflug so begeistert, dass sie Bernd Hein zum Dank um den Hals fallen.

▶ Infos

Natur- und Geopark
Vulkaneifel
Mainzer Straße 25
54550 Daun
Tel. 06592/933200
geopark@vulkaneifel.de
www.geopark-vulkaneifel.de

Rundflüge über die Vulkaneifel

Segelflugverein
Vulkaneifel e.V.
Postfach 11 21
54542 Daun
Tel. 06592/2976
www.flugplatz-daun.de

MÜNSTERLAND

50 | *Radwandern im Münsterland*
Die 100-Schlösser-Route

58 | *Die Friedensroute von Münster nach Osnabrück*
Dem Westfälischen Frieden auf der Spur

64 | *Der westfälische Jakobsweg*
Hape für Anfänger

70 | *Eine kulinarische Reise durch das Münsterland*
Westfälisch genießen

75 | *Urlaub auf dem Bauernhof*
Ein Bett im Heu

80 | *Naturparadies Münsterland*
Von Flamingos und seltenen Orchideen

Unterwegs auf der 100-Schlösser-Route

MÜNSTERLAND

Radwandern im Münsterland
Die 100-Schlösser-Route

>> Die beliebteste Radwanderroute des Münsterlandes
>> Wasserschlösser, Burgruinen und Herrenhäuser in der münsterländischen Parklandschaft
>> Schöne Schlosshotels mit großen Gärten
>> Exzellente Beschilderung und guter Service überall auf der Strecke

Burg Vischering in Lüdinghausen beherbergt eine Mittelalter-Ausstellung speziell für Kinder

MÜNSTERLAND

Schloss Nordkirchen – das barocke Prachtschloss im Kreis Coesfeld

Nirgendwo sonst in NRW gibt es so viele reizvolle Radwanderwege wie im Münsterland. Als „Königin" unter den Strecken gilt die 100-Schlösser-Route – nicht etwa, weil die eine oder andere Königin in den herrschaftlichen Anwesen entlang der Strecke genächtigt hat, sondern weil die Tour alle Annehmlichkeiten bietet, die Fahrradfahrer sich wünschen können. Die gut befahrbaren Wege führen entlang von blühenden Rapsfeldern und durch dichte Kiefernwälder. Überall auf der fast 1000 km langen Route gibt es eine einheitliche Beschilderung und zudem ausgewiesene Servicepunkte, wo Reparaturen durchgeführt werden. Das Schönste sind aber natürlich die „100 Schlösser". Unter ihnen finden sich wehrhafte Burgen und verspielte Barockgebäude; luxuriöse Hotels und spannende Museen.

Mit dem Fahrrad von Schloss zu Schloss

Wegen seiner ungewöhnlichen Architektur ist das Wasserschloss Lembeck eines der interessantesten Schlösser auf der Route. Eine lange Allee führt zu der rötlich schimmernden Schlossanlage. Über eine kleine Brücke gelangen Besucher dann in den Innenhof des Schlosses. Hier blühen tausende Blumen – Jahr für Jahr lässt die Gräfin von Merveldt rund 80.000 Pflanzen setzen. Zusammen mit ihrer Familie lebt die aus Bel-

Bild Seite 12/13: Wegen seiner Schönheit gilt Schloss Nordkirchen als „Westfälisches Versailles"

MÜNSTERLAND

Bild Seite 15:
Märchenhaft ist auch das Wasserschloss Velen im gleichnamigen Ort

gien stammende Adlige in der Vorburg des Schlosses. Das eigentliche Schloss überlässt die Familie heute der Öffentlichkeit. Darin befinden sich schon seit einigen Jahren ein Hotel mit 19 Gästezimmern und auch ein Heimatmuseum mit reich verzierten Möbeln, jahrhundertealten Wandteppichen und wertvollen Gemälden. Prunkstück der Sammlung ist ein ganz besonderer Schrank. Von außen wirkt er wie andere antike Schränke auch, aber wenn man ihn öffnet, sieht man, dass er extra für die Aufbewahrung eines exklusiven Tafelservice gebaut wurde. Und so stehen Dutzende feine Tassen und glänzende Teller in den Türen und Regalen des Schrankes. Gelegentlich führt die Gräfin von Merveldt Besucher selbst durch das Schloss und steuert zu den Familienportraits und Einrichtungsgegenständen die passenden Anekdoten bei.

Wasserschloss Velen

Wer der Schlösserroute folgt, gelangt entlang von Feldern und Wiesen ins benachbarte Velen und zu dem gleichnamigen Schloss. Ein Schwan schwimmt majestätisch im Burggraben, dickblättrige Seerosen wachsen in dem Gewässer und eine große Freitreppe führt hinauf zum Wasserschloss. Schloss Velen blickt auf eine bewegte Vergangenheit zurück: Durch Brände und Kriege wurde es mehrfach beschädigt und 1931 brannte es fast völlig nieder. Aber immer wieder baute die Grafenfamilie von Landsberg-Velen ihren Stammsitz wieder auf. Seit 1988 dient es als Hotel – auch aus finanziellen Gründen. Denn der Unterhalt ist offenbar selbst für gräfliche Kassen unerschwinglich geworden. Die Einnahmen aus den Übernachtungen, dem Restaurant- und Seminarbetrieb fließen in den Erhalt des Bauwerkes und in die Restauration der historischen Parkanlagen.

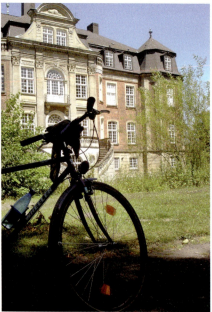

Fahrräder vor herrschaftlicher Kulisse sind im Münsterland ein vertrauter Anblick

MÜNSTERLAND

Schloss Lembeck – hinter den Mauern erwartet Besucher ein Blumenparadies

Tier- und Biergarten für Jedermann

Der Tiergarten des Schlosses wurde im 18. Jahrhundert von dem berühmten Münsterländer Barock-Baumeister Johann Conrad Schlaun geplant; zwischenzeitlich aber wie das Schloss mehrfach zerstört. Um den historischen Landschaftspark in seinen ursprünglichen Zustand zurückzuversetzen, wurden mit öffentlicher Unterstützung fast 3.000 Bäume und Sträucher gepflanzt. Es entstanden Rundwanderwege entlang von kleinen Teichen und Flüssen. Hölzerne Brücken führen über die Gewässer und Lindengesäumte Allen zum Schloss. Die Anlage ist heute wieder so schön, wie sie einst von Johann Schlaun gedacht war. Eines hat sich allerdings schon verändert – wo damals adlige Damen und Herren lustwandelten, lassen sich heute Radfahrer und Wanderer ein kühles Bier schmecken, denn aus der herrschaftlichen Fasanerie ist ein sehr bürgerlicher Biergarten geworden.

Bild Seite 16:
Schloss Raesfeld – die Anfänge des Wasserschlosses reichen zurück bis ins 12. Jahrhundert

▶ **INFOS**

Schloss Velen
Schloßplatz 1
46342 Velen
Tel. 02863/2030
Fax 02863/203788
info@sportschlossvelen.de
www.sportschlossvelen.de

Schloss Lembeck
46286 Dorsten-Lembeck
Tel. 02369/7167
Fax 02369/77391
www.schlosslembeck.de

Allgemeine Infos zur Radroute
www.100-schloesser-route.de

DIE FRIEDENSROUTE
VON MÜNSTER NACH OSNABRÜCK

Dem Westfälischen Frieden auf der Spur

- 〉〉 Kombination von Radfahren und historischen Erleben
- 〉〉 Auszeichnung als Radroute des Jahres 2008 in NRW
- 〉〉 Besuch der Rathäuser des Westfälischen Friedens
- 〉〉 Preisgünstige Pauschale von den regionalen Tourismusverbänden

Das Emblem der Friedensreiter finden Radfahrer überall auf der Strecke

Mit der Friedensroute ist eine weitere interessante Radroute ins Münsterland gekommen. Ihren Namen verdankt sie dem Westfälischen Frieden, der 1648 in der Region geschlossen wurde. Wie keine zweite Strecke macht die Friedensroute Geschichte lebendig. Unter anderem deshalb wurde sie auch zur NRW-Radroute des Jahres 2008 gekürt.

Nicht nur für geschichtlich Interessierte

Wo früher die Reiter über schlammige Pfade galoppierten, radeln heute die Urlauber auf gut ausgebauten, asphaltierten Wegen. Insgesamt 170 Kilometer zählt die Friedensroute. Sie führt durch die münsterländische Parklandschaft und die Ausläufer des Teutoburger Waldes. Neben dem Landschaftsgenuss und der sportlichen Komponente sind es vor allem die geschichtlichen Aspekte, die diese Route so interessant machen.

Besuch in den Rathäusern des Westfälischen Friedens

Historischer Höhepunkt der Radroute sind die Besuche in Münster und Osnabrück. Und wer bisher glaubte Geschichte sei langweilig, wird hier schnell seine Meinung ändern. So anschaulich schildern Stadtführer die damaligen Zustände, als 1000 adlige Abgesandte aus ganz Europa nach Osnabrück kamen, um über den Frieden zu verhandeln. In der kleinen Stadt – Osnabrück zählte damals gerade einmal 8.000 Einwohner – herrschten während des Verhandlungsmarathons chaotische Zustände. Alles war brechend voll; Abfälle landeten massenhaft auf den Straßen und es stank zum Himmel. Statt in Himmelbetten nächtigten die Herren im

Gesindetrakt oder schlimmer noch im Viehstall. Neben all diesen Unannehmlichkeiten hatten die feinen Gesandten auch mit der deftigen westfälischen Küche so ihre Probleme.
Auf den Gemälden im Friedenssaal des Rathauses sieht man von den adligen Leiden allerdings wenig. Hier hängen die Portraits der Verhandlungsführer und einer blickt würdevoller als der andere auf die Betrachter. Zwischen lauter Herren sieht man auch eine Dame – die Landgräfin Amalie

Rathaus des Westfälischen Friedens in Osnabrück

Romantisches Hotel entlang der Friedensroute – das Gasthaus zur Post

Elisabeth von Hessen-Kassel. Wegen ihres Geschlechts durfte die adlige Dame allerdings nicht direkt an den Verhandlungen teilnehmen und musste sich von männlichen Vasallen vertreten lassen. Dennoch hat sie die Interessen ihres protestantischen Landes überaus erfolgreich vertreten; selbst Friedrich Schiller rühmte das politische Geschick der Gräfin.

Münster – die „Heimat des Regens"

In Münster waren die Zustände sogar noch dramatischer. Phasenweise lebten in der Stadt genauso viele Gäste wie Bewohner. Unter ihren der päpstliche Nuntius und der Onkel des französischen Sonnenkönigs. Die hohen Herren zu beherbergen und zu verköstigen, stellte die Menschen

MÜNSTERLAND

Ein riesiger Kronleuchter und die Porträts der ehemaligen Verhandlungsführer schmücken den Friedenssaal in Osnabrück

▶ **Extra-Tipp**

Wem die Verknüpfung von Fahrradfahren und historischem Erleben gefällt, ist mit der Radpauschale gut beraten, die von den Tourismusverbänden in Münster und Osnabrück entwickelt wurde. Für 299,- Euro hat man hier alles inklusive: Kartenmaterial, die historischen Stadtführungen sowie fünf Übernachtungen entlang der Strecke. Während die Urlauber von Hotel zu Hotel und von Sehenswürdigkeit zu Sehenswürdigkeit radeln, reist das Gepäck per Bus hinterher.

zum St.-Paulus-Dom – dem Wahrzeichen der Stadt und dem bedeutendsten Kirchenbau Westfalens. Es ist ungeheuer spannend die vielen skurrilen Geschichten zu hören, die sich während der fünf Jahre dauernden Friedensverhandlungen in Münster zugetragen haben, als ganz unterschiedliche Menschen aus allen Teilen Europas in der Stadt lebten.

Historisches Gasthaus

Das wahrscheinlich schönste, vor allem aber historisch interessanteste Hotel entlang der Friedensroute ist das Gasthaus zur Post in Ladbergen. Wie der Name vermuten lässt, fungierte das Hotel früher als Poststation. Um die Nachrichtenübermittlung zwischen den beiden Verhandlungsorten Münster und Osnabrück zu sichern, hatte man im Vorfeld der Friedensverhandlungen spezielle Poststrecken eingerichtet. Und Ladbergen – in der Mitte zwischen den beiden Städten gelegen – war der ideale Ort für einen Zwischenstopp. In 18 Pferdeställen wurden hier die Rösser und in der großen Gaststube die Friedensreiter verpflegt. Eine Zeitlang war das Haus sogar als Verhandlungsort im Gespräch, dann gab man aber doch anderen Orten den Vorzug. Wie im 17. Jahrhundert prasselt in der historischen Gaststube auch heute noch ein großer Kamin. Und wie zu Zeiten des Westfälischen Friedens stehen immer noch typische westfälische Gerichte wie Grünkohl oder Knochenschinken auf der Speisekarte. Daneben gibt es aber auch jede Menge leichte, moderne Kost – die Küche wird weit über die Grenze von Ladbergen hinaus geschätzt.

Der St.-Paulus-Dom in Münster gilt als einer der bedeutendsten Kirchenbauten in Westfalen

▶ **INFOS**

Münsterland e.V.
Airportallee 1
48268 Greven
Tel. 02571/949392
Kostenlose Buchungshotline:
0800/9392919
(aus dem deutschen Festnetz)
touristik@muensterland.com
www.muensterland-tourismus.de

Tourismusverband
Osnabrücker Land e.V.
Krohnstraße 52-54
40974 Osnabrück
Tel. 0541/9511195
Fax 0541/9511120
tv@osnabruecker-land.de
www.osnabruecker-land.de

Gasthaus zur Post
Dorfstraße 11
49549 Ladbergen
Tel. 05485/93930
Fax 05485/939392
haug@gastwirt.de
www.gastwirt.de

Allgemeine Informationen zur NRW-Radroute des Jahres 2008
www.friedensroute.de

MÜNSTERLAND

Der westfälische Jakobsweg
Hape für Anfänger

> » Unterwegs auf dem westfälischen Jakobsweg
> » Historische und landschaftliche Highlights der Region
> » Femlinde, Wolfsdenkmal und Wasserschlösser entlang der Strecke

Spätestens der Bestseller von Hape Kerkeling hat bei den Deutschen einen Run ausgelöst – einen Run auf den Jakobsweg. Laut Angaben der spanischen Behörden kommt mittlerweile bereits jeder achte Pilger aus Deutschland. Doch nicht jeder, der sich für das „Beten mit Füßen" interessiert, kann oder will gleich bis zum Grab des heiligen Jakobus in Santiago de Compostela laufen. Muss er auch nicht. Denn mittlerweile gibt es in allen Teilen Europas gut ausgebaute und beschilderte Wege, die den historischen Spuren des Jakobsweges folgen. Der Pilgerweg beginnt nämlich nicht erst in den französischen Pyrenäen, sondern bereits vor der eigenen Haustür. So hat die Altertumskommission des Landschaftsverband Westfalen-Lippe 2008 das westfälische Teilstück des historischen Weges offiziell eröffnet und damit eine der letzten europäischen Lücken geschlossen.

Pilgerstation Ascheberg-Herbern

Ein verschlafenes Örtchen auf dem Land. Gepflegte Vorgärten, eine Handvoll Läden – selbst unter der Woche herrscht hier sonntägliche Ruhe. Auf den ersten Blick ist die kleine westfälische Gemeinde Ascheberg-Herbern nicht sonderlich spannend. Auf den zweiten Blick allerdings schon. Spannend für Pilger, Wanderfreunde und historisch Interessierte. Denn Ascheberg-Herbern hat sich bei der Wiederbelebung des Baltisch-Westfälischen Jakobsweges besonders engagiert. So befindet sich im Inneren der örtlichen St. Benediktus-Kirche eine Stempelstelle für die Jakobspilger. Die örtliche Jakobi-Bruderschaft hat hier ein Gästebuch ausgelegt, in dem sich viele der Besucher verewigt haben. „Jakobswege sind immer auch ein Stück Lebensweg" – ist dort beispielsweise zu lesen. Einige Pilger schildern auch ihre ganz persönlichen Gründe für die Wanderung; weniger religiös Motivierte loben einfach die schöne Landschaft des Münsterlandes.

Bild Seite 65:
Die Benediktuskirche in Herbern ist eine wichtige Anlaufstelle für Pilger

MÜNSTERLAND

Bild Seite 67:
Schloss Westerwinkel,
eine der Sehenswürdigkeiten
entlang des Weges

Das vielleicht kleinste Heimatmuseum NRWs

Unmittelbar neben der Kirche liegt das kleine Heimatmuseum des Ortes. Mit seinen alten Holzbalken und dicken Backsteinen ist das 1790 errichtete Gebäude selbst ein Museumsstück. Wie damals üblich befinden sich hier Wohnung, Werkstadt und Stall unter einem Dach. Die Dauerausstellung zeigt dann auch das dörfliche Leben zu Beginn des 20. Jahrhunderts, als es in Herbern der Strom, noch fließendes Wasser gab. Zum Anschauen ist das alles ausgesprochen pittoresk, darin zu leben, war es vermutlich weniger. Das Museum ist an den Wochenenden von Mai bis Oktober geöffnet und dann ist auch ein Mitarbeiter des Heimatvereins vor Ort, um die Fragen der Besucher zu beantworten. Führungen in dem ehemaligen Handwerkerhaus finden auf Anfrage statt – falls gewünscht, auch auf Plattdeutsch.

Reizvolle Route

Das kleine Heimatmuseum
von Herbern ist selbst
ein Museumsstück

Nach dem Museumsbesuch zieht es die Menschen wieder nach draußen – auf den Jakobsweg. Jahrelang tüftelten Historiker und Archäologen an der Rekonstruktion des westfälischen Jakobsweges. Das Ergebnis ist eine

Teile von Schloss Westerwinkel sind heute noch bewohnt

200 Kilometer lange Route, die von Osnabrück über Münster und Dortmund nach Wuppertal führt und das Beste enthält, was die Region zu bieten hat: Die abwechslungsreiche Natur der münsterländischen Parklandschaft mit ihren Feldern, Wiesen und einzeln gelegenen Bauernhöfen. Die neue Teilstrecke des Jakobsweges ist aber nicht nur reich an Natur, auch viele Sehenswürdigkeiten sind bei der Routenplanung berücksichtigt worden.

Femlinde und Wolfsdenkmal – Spuren der Vergangenheit

Besonders schön verweilen lässt es sich beispielsweise auf Schloss Itlingen – dem Dornröschenschloss Westfalens – oder auf Schloss Westerwinkel, wo Enten und Besucher gleichermaßen spazieren gehen. Nicht nur die Schlösser auch die Landschaft entlang der Strecke erzählt Geschichte. So

MÜNSTERLAND

führt der Weg vorbei an der alten Femlinde, wo im Mittelalter die Gerichte tagten, und am Wolfsdenkmal, das an den letzten westfälischen Wolf erinnert, der hier 1835 erlegt wurde. Neben der religiösen Komponente gibt es so auch noch andere Gründe, um den Baltisch-Westfälischen Jakobsweg zu erwandern. Auch bei den Übernachtungen hat die Gemeinde Ascheberg-Herbern sich etwas einfallen lassen. Pilger können bereits für zehn Euro in einem ehemaligen Weinkeller übernachten und auch auf die meisten anderen Zimmer in der Region erhalten sie Rabatt. Da der Jakobsweg eine körperliche und sicher auch eine spirituelle Herausforderung ist, wollten die Westfalen ihn nicht auch noch zu einer finanziellen machen.

▶ **INFOS**

Tourist-Information Ascheberg e.V.
Katharinenplatz 1
59387 Ascheberg
Tel. 02593/6324
mail@ascheberg-touristinfo.de
www.ascheberg-touristinfo.de

Literaturtipp:

Jakobswege: Wege der Jakobspilger in Westfalen
Horst Gerbaulet und Ulrike Spichal
Bachem-Verlag, 2008
ISBN 3-7616-2210-0
€ 12,95

Bild links:
Die traditionelle Tracht der Pilger

Bild rechts:
Die Stempelstelle in der Benediktus-Kirche von Herbern

EINE KULINARISCHE REISE
DURCH DAS MÜNSTERLAND
Westfälisch genießen

> ❯❯ Kulinarische Reise durch das Münsterland
> ❯❯ Westfälischer Kochkurs beim Steinfurter Küchenchef
> ❯❯ Interessante Rad-Pauschalen gepaart mit westfälischen Menüs

Vorurteile halten sich umso hartnäckiger, je unwahrer sie sind. Das gilt auch für die westfälische Küche. Weil sie früher einmal schwer und fleischlastig war, wird sie noch heute geschmäht und gemieden. Dabei hat sich in der Region in Sachen Kulinarik einiges getan: Die neue westfälische Küche ist modern, kreativ und gesund, hat dabei aber ihre Traditionen bewahrt. Und das macht eine kulinarische Reise durch das Münsterland so spannend.

Westfälischer Kochkurs in Steinfurt
Essensduft strömt aus der Küche und es wird eifrig diskutiert. Anders als in normalen Großküchen dürfen die Gäste im Steinfurter Posthotel Rie-

Bild links:
Das Wurste- und Leberbrot ist eine der Spezialitäten des Münsterlandes

Bild rechts:
Küchenchef Paul Riehemann serviert sein Lieblingsgericht: den westfälischen Pfefferpotthast

Westfälischer Kochkurs
bei Paul Riehemann

hemann dem Küchenchef nämlich über die Schulter schauen, während er westfälische Spezialitäten zubereitet. Dabei sehen sie beispielsweise, wie Paul Riehemann das Wurste- und Leberbrot macht. Serviert wird die Speise zusammen mit gerösteten Zwiebeln und Apfelspalten oder auch mit etwas Preiselbeermarmelade. Nach dem Wurste- und Leberbrot geht es dann an ein weiteres urwestfälischen Gericht: das Pfefferpotthast – eine Art Gulasch mit kurz angebratenem Rindfleisch und Zwiebeln. Dazu werden in Butter geschwenkte Kartoffeln gereicht, sowie Rote Beete, Perlzwiebeln und Gurken als Salat. Natürlich gibt es hier auch das Töttchen – ein süßsaures Kalbsragout, das früher ein Arme-Leute-Essen war, heute aber als regionale Delikatesse gilt. Paul Riehemann ist selbst wahrscheinlich der größte Fan der münsterländischen Küche. Und nicht wenige seiner Gäste lassen sich von seiner Begeisterung anstecken. Das Steinfurter Hotel diente früher als preußische Posthalterei. Heute werden hier verschiedene Urlaubspakete angeboten. Für Freunde der westfälischen Küche sind die Kochkurse natürlich die interessantesten.

MÜNSTERLAND

Spitzenkoch Alfons Lorenbeck (re.) kauft sein Gemüse beim benachbarten Gärtnerbetrieb von Josef Thormann

Hohes Traditionsbewusstsein

Dass es im Münsterland so gut schmeckt, liegt auch am Traditionsbewusstsein der Menschen. Wie Küchenmeister Paul Riehemann setzen viele Köche, Landwirte und Produzenten ganz auf heimische Produkte. Denn das, was die Region zu bieten hat, überzeugt durch Qualität und Verarbeitung – wie der berühmte westfälische Knochenschinken, bei dem noch alles in aufwendiger Handarbeit abläuft. Auch das Salzen. Dieser Prozess nimmt mindestens sechs Wochen in Anspruch und danach reift der Schinken bis zu zwölf Monaten an westfälischer Luft. Metzgermeister Stefan Waltering ist Vorsitzende der Schutzgemeinschaft Westfälische Schinken- und Wurstspezialitäten. Er hat vor kurzem ein Buch veröffentlicht, in dem er alles Wissenswerte um das urwestfälische Erzeugnis zusammengetragen hat. Darin erfährt man, dass schon die alten Römer den Knochenschinken zu schätzen wussten und dass er im Mittelalter gar als beliebtes Geschenk in Adelskreisen galt. Serviert wird er hauchdünn – nicht etwa aus Geiz, wie viele den Westfalen fälschlich unterstellen, sondern dem Geschmack zuliebe. Und der ist überraschenderweise leicht nussig.

MÜNSTERLAND

Stefan Waltering mit seinem westfälischen Knochenschinken

Traditionelle Gerichte modern kombiniert

Das Beste an einer kulinarischen Reise durch das Münsterland ist die Kombination von Tradition und Moderne. Über Jahrhunderte haben sich die Westfalen zu 100 Prozent selbst versorgt. Das höchste Küchengut war in

▶ EXTRA-TIPP

In immer mehr Restaurants der Region können Urlauber mittlerweile die neue westfälische Küche kennen lernen. Es gibt verschiedene Zusammenschlüsse, die beispielsweise an dem Emblem „westfälisch genießen" zu erkennen sind. Die Westfalen haben eine regionale Speisekarte entwickelt, die in vielen Lokalen ausliegt. Häufig werden die kulinarischen Reisen auch in Kombination mit Radtouren angeboten. Landschafts- und Gaumengenuss – das ist dann wohl das Beste, was das Münsterland seinen Gästen zu bieten hat. Pauschalen gibt es beispielsweise direkt beim Steinfurter Posthotel und auch bei Münsterland e.V. zu buchen.

MÜNSTERLAND

▶ **INFOS**

Posthotel Riehemann
Münsterstraße 8
48565 Steinfurt
Tel. 02552/99510
Fax 02552/62484
info@riehemann.de
www.riehemann.de

Altdeutsche Gaststätte Lorenbeck
Alphons-Hecking-Platz 11
48485 Neuenkirchen
Tel. 05973/608010
gaststaette@lorenbeck.de
www.lorenbeck.de

Westfälische Schinken- und Wurstspezialitäten e.V.
Stefan Waltering
Siemensstraße 9
48301 Nottuln
Tel. 02502/6705
Fax 02502/3778
waltering@westfaelischer-knochenschinken.de
www.schinkenland-westfalen.de

Literaturtipps:
Westfälisch genießen – Potthucke, Pumpernickel und Pättkestouren
Rezept- und Bildband
Verlag Hans-Peter Kock, Bielefeld
€ 19,90 Euro, ISBN 3-921991-21-3

Westfälischer Knochenschinken – Eine Spezialität mit Kultstatus
Frank Hartmann, Stefan Waltering
Wartberg Verlag
€ 12,90, ISBN 3-831316-84-8

dieser Zeit der Sonntagsbraten. Auf die üppigen Fleischportionen freute sich die hart arbeitende Landbevölkerung die ganze Woche. Und was von den geschlachteten Tieren nicht zum Braten taugte, landete in der Wurst. Daher stammen auch die vielen unterschiedlichen Wurstsorten des Münsterlandes. Nun arbeiten heute nur noch die allerwenigsten Menschen körperlich hart und umso mehr machen sich Gedanken um ihre Figur. Das Ergebnis ist die neue westfälische Küche.

Die neue westfälische Küche

Alfons Lorenbeck führt in Neunkirchen die „Altdeutsche Gaststätte Lorenbeck". Das Haus steht wie kein zweites für „westfälisch genießen". Alles, was die Region bietet, kombiniert Alfons Lorenbeck auf überraschende Art neu. Was früher deftig und schwer zubereitet wurde, kommt heute leicht und locker daher. In seiner eigenen Lehre musste der Koch noch alles durchgaren, bis auch der letzte Biss aus dem Gemüse verschwunden war. Derlei ist in seiner heutigen Küche natürlich verpönt. Da werden urwestfälische Gemüsesorten nur noch leicht angegart und statt mit Fleisch mit einem heimischen Fisch aus der Ems serviert. Sogar die Steckrüben konnte Alfons Lorenbeck den Westfalen wieder schmackhaft machen. Gerade die ältere Generation erinnerte sich noch mit Schaudern an die Kriegsjahre, in denen das Gemüse so ziemlich das einzige war, was es zu essen gab. Der prägnante Geruch des Gemüses blieb vielen ein Leben lang in der Nase. In der Zubereitung von Alfons Lorenbeck geben die Gäste aber selbst der geächteten Steckrübe eine Chance. Rübstiel ist ein weiteres Beispiel für diese Entwicklung. Sein frisches Gemüse bezieht Alfons Lorenbeck gleich beim benachbarten Gärtnerbetrieb von Josef Thormann. Von so kurzen Transportwegen können andere nur träumen – und entsprechend frisch und knackig schmeckt das Gemüse das ganze Jahr über in der Altdeutschen Gaststätte.

MÜNSTERLAND

URLAUB AUF DEM BAUERNHOF
Ein Bett im Heu

> ›› Heuhotels – eine günstige Übernachtungsmöglichkeit
> ›› Pädagogisch wertvoller" Urlaub für Familien mit Kindern
> ›› Der Bauernhof als Erlebniswelt

Der Begriff „Hotel" ist im Zusammenhang mit den Übernachtungen im Heu ein wenig irreführend. Denn den im Hotel üblichen Komfort suchen Urlauber in den Scheunen, Speichern und Dielen der Bauernhöfe natürlich vergeblich. Dafür finden gerade Kinder hier eine ungezwungene Atmosphäre und eine riesige Spielfläche vor. Dazu den Duft von frischem Stroh und alles Andere, was den Bauernhof zur Erlebniswelt macht.

Kinder in der „Erlebniswelt" Kuhstahl

Heuhotels als kostengünstige Urlaubsvariante

Auf dem Margarethenhof in Neuenkirchen lernen Bauernhof-Besucher als erstes, dass Heu noch lange nicht gleich Heu ist. Denn damit die Nacht erholsam wird, verwendet Familie Garmann ein spezielles Gras, das einen sehr hohen Blattanteil hat. Dadurch wird das Heu schön weich und piekst auch nicht. Bei der Ernte wird zudem darauf geachtet, dass sich keine Pollen im Gras befinden, damit auch Allergiker ruhig schlafen können. Falls es dennoch einmal zu nächtlichen Niesattacken kommt, gibt es für die Gäste auch Ausweichquartiere ohne Heu. 15 Euro zahlen Erwachsene für den romantischen Schlafplatz. Je jünger die Gäste sind, desto günstiger wird der Übernachtungspreis. Frühstück ist dabei immer inklusive. Wanderer, Fahrradfahrer, Sportvereine und auch Familien nutzen das Heuhotel. Da-

Das Heuhotel auf dem Margarethenhof

bei ist die Begeisterung für die unorthodoxe Schlafstätte bei den Kindern meistens größer als bei den Erwachsenen. Letztere spüren nach einer Nacht im Heu schon mal die Knochen. Dabei gelten Nächte im Heu eigentlich als ausgesprochen gesund; es gibt sogar Kuren, die sich die heilsamen Kräfte des Heus zunutze machen.

Ein Paradies nicht nur für Kinder

Gesundheitliche Überlegungen liegen den Kindern natürlich fern. Sie freuen sich einfach, dass sie eine Fahrtstunde vom Ruhrgebiet entfernt all die Dinge tun können, die sie sonst nur aus dem Fernsehen kennen: Stall ausmisten, Hühner füttern und Schweine streicheln: Das Bauernhof-Programm ist dabei offensichtlich spannender als jede Vorabend-Serie. Denn

Viele Stadtkinder kommen beim Urlaub auf dem Bauernhof erstmals mit Tieren in Kontakt

Attraktion für Kinder: die Baggerfahrt

viele Familien kommen jetzt schon seit Jahren immer wieder auf den Margarethenhof. Damit es den Kleinen nicht langweilig wird, hat Landwirtschaftsstudent und Hoferbe Stefan Garmann eine Vielzahl von kindgerechten Aktivitäten entwickelt, wie Traktor fahren, Pony reiten und Heuballenklettern. Ganz nebenbei lernen die Kinder das Landleben kennen und erfahren so, dass Kühe eben doch nicht lila sind. Die Ferien auf dem Bauernhof verdienen daher eigentlich das Siegel „pädagogisch wertvoll".

Generationsübergreifend urlauben

Vielfach reisen auch Großeltern mit ihren Enkeln an, denn gerade diese beiden Generationen ergänzen sich auf dem Bauernhof bestens. Oma und Opa können erzählen, wie es früher war und den Kindern Tipps im Umgang mit den Tieren geben, wovon die Enkel nur profitieren. Und wenn die Erwachsenen doch einmal ihre Ruhe haben wollen, können sie auf dem Bauernhof sicher sein, dass der Nachwuchs bestens beschäftigt ist. Auch kulinarisch sind die Urlauber auf dem Land gut versorgt. Alle Lebensmittel, die auf dem Margarethenhof produziert werden, kommen beim Frühstück auf den Tisch: Milch und Eier; selbstgebackenes Brot und hausgemachte Würste. In der Küche sorgt Margarethe Garmann, gelernte Hauswirtschafterin, für beste westfälische Kost.

Bild Seite 79: Die Ferienwohnungen auf dem Hof Reining

Von Eulennestern, Haferkisten und Schüttböden

Wer länger als ein, zwei Nächte auf dem Bauernhof bleibt, übernachtet auch gerne in den komplett ausgestatteten Ferienwohnungen, die mittlerweile viele Höfe anbieten. Auf dem Ferienhof Reining in Horstmar haben die Ferienwohnungen so romantische Namen wie Eulennest, Haferkiste oder Schüttboden. So weiß jeder Gast gleich, wie die Räume früher genutzt wurden. Ferkel, Esel und Schafe sind für die Kinder auch auf dem Ferienhof Reining die Hauptattraktion, daneben finden sie hier aber auch noch viele andere Freizeitmöglichkeiten, wie einen großen Swimming-Pool und ein Trampolin. In dem weitläufigen Garten gibt es Dutzende Spielgeräte für die Kleinen und für die Erwachsene blühende Obstbäume. Daneben ist es auch die Lage, die für Ferien auf dem Land spricht. Mit dem Fahrrad sind die Gäste von Horstmar innerhalb kürzester Zeit in Münster oder den Niederlanden. Und natürlich hat der Hof auch ein Heuhotel – denn jeder Bauernhofgast möchte zumindest einmal eine Nacht, wenn schon nicht im Kornfeld, dann doch wenigstens im Heu verbringen.

▶ **INFOS**

Margarethen-Hof
Familie Garmann
Rote Erde 12
48485 Neuenkirchen
Tel. 05973/3453
Fax 05973/96394
garmann@margarethen-hof.de
www.margarethen-hof.de

Hof Reining
Familie Schulze-Pröbsting
Schagern 8
48612 Horstmar
Tel. 02558/7133
Fax 02558/7134
info@hof-reining.de
www.hof-reining.de

Münsterland e.V.
Airportallee 1
48268 Greven
Tel. 02571/949392
Kostenlose Buchungshotline:
0800/9392919
(aus dem deutschen Festnetz)
touristik@muensterland.com
www.muensterland-tourismus.de

MÜNSTERLAND

NATURPARADIES MÜNSTERLAND
Von Flamingos und seltenen Orchideen

> 〉〉 Die nördlichste Flamingo-Kolonie Europas
> 〉〉 Führungen durch die einmaligen Naturschutzgebiete des Münsterlandes
> 〉〉 Vogelstimmen-Wanderung in den Rieselfeldern

Die Naturschutzgebiete des Münsterlandes gelten als Refugien seltener Vögel. Um sich für diese Orte zu begeistern, muss man aber kein Ornithologe sein. Denn neben frei lebenden Flamingos und aus Skandinavien verdrifteten Odinshühnchen findet man hier auch eine reiche Flora und ein einmaliges Naherholungsgebiet.

Ungewöhnlicher Anblick im Münsterland
In allen Schattierungen zwischen weiß und rosa schillert ihr Federkleid. Elegant verlagern sie ihr Gewicht von einem Fuß auf den anderen und schauen dabei gelassen in die Gegend – die Flamingos im Zwillbrocker Venn sind immer noch ein ungewöhnlicher Anblick. Dabei sind die Tiere seit mittlerweile einem Vierteljahrhundert in dem Naturschutzgebiet beheimatet. Woher sie stammen, konnte nie genau geklärt worden. Nur eines ist klar: sie sind irgendwo ausgebüxt; den weiten Weg aus ihren Heimatländern bis ins Münsterland hätten sie niemals zurücklegen können. Heute brüten die exotischen Vögel sehr erfolgreich im kalten Norden. Zum Überwintern zieht es sie allerdings

Naturidylle Münsterland

Die Rieselfelder bei Münster sind eines der wichtigsten Vogelschutzgebiete in Europa

nach Holland. In der übrigen Zeit kann man die drei verschiedenen Arten aber jeden Tag im Münsterland bewundern: Der Große Flamingo und der Chileflamingo sind im Venn recht häufig vertreten; die dritte Art – der Karibische Flamingo – scheint ein Einzeltier zu sein. Wer die Tiere genauer betrachten will, sollte ein Fernglas mitnehmen. Mit ein bisschen Übung kann man die Vögel dann sogar auseinander halten. Die Beobachtung lohnt sich besonders im Frühjahr, wenn die Flamingos ihren spektakulären Balztanz aufführen – und dabei wird quer durch die Gattungen und Geschlechter miteinander geturtelt.

Große Artenvielfalt

Neben den Flamingos sind die Möwen die zweite tierische Attraktion im Venn. Mittlerweile gibt es riesige Kolonien von Lach- und Schwarzkopfmöwen, die schon von weitem zu hören sind. Im Gegensatz zu den Flamingos, die keinerlei negative Auswirkungen auf ihre Umwelt haben, werden empfindlichere Vögel von den Möwen in ihrem Brutverhalten gestört.

Daher sorgen die Mitarbeiter der Biologischen Station dafür, dass die Population nicht überhand nimmt. Und so tummeln sich zwischen den lärmenden Möwen auch Grau- und Nilgänse, Höckerschwäne und Reiherenten. Doch nicht nur die ungewöhnliche Fauna lohnt einen Besuch in dem Münsterländer Naturreservat. Die Flora ist mindestens genauso spannend. Das fängt schon im Moor an, wo es viele Arten gibt, die außerhalb des Schutzraumes nicht überleben konnten. Auf besonders großes Interesse stoßen stets die Fleischfressenden Pflanzen, wie Dr. Dietmar Ikemeyer, der Leiter der Biologischen Station erklärt. Gelegentlich begleitet er selbst Führungen zu der großen Orchideenwiese im Venn, wo im Spätfrühling tausende Orchideen blühen.

Die Königin der Blumen

Die Königin der Blumen leuchtet in intensiven Farben und überrascht mit ungewöhnlichen Formen. Dabei ist sie so schön, dass man sich vor ihr am liebsten verneigen möchte. Die Orchideen-Führungen im Mai und Juni

Naturreservate Rieselfelder aus der Vogelperspektive

Orchideenwiesen gehören zu den bezauberndsten Naturschönheiten

sind entsprechend gut besucht. Das gilt auch für die Vogelexkursionen im Venn, die das ganze Jahr über stattfinden. Denn irgendwelche Vögel sind garantiert vor Ort und lassen sich gerne ein bisschen bewundern. Und wer nicht unbedingt an einer Exkursion teilnehmen will, kann im Venn auch einfach wandern oder Fahrradfahren. Diverse Routen führen durch die Region und sind bestens beschildert.

Von der Kläranlage zum bedeutenden Vogelschutzgebiet

Ein weiteres spannendes Naturschutzgebiet sind die Rieselfelder bei Münster. Hier werden zu jeder Jahreszeit sogenannte Vogelstimmen-Wanderungen angeboten. Sie starten morgens in der Dämmerung oder abends, wenn die Sonne langsam untergeht. Zwei Stunden lang werden die Besucher dann durch das Gelände geführt. Ohne fachkundige Anleitung fiele es sicherlich schwer, die vielen unterschiedlichen Gesänge auseinander zuhalten – aber dafür sind ja die Mitglieder des Freundes- und Förderkreises mit von der Partie. Manfred Röhlen begleitet beispielsweise die Führung „Vogelbestimmung für Anfänger". Dabei weist er die Teilnehmer auf die besonders schöne Stimme des Blaukelchens hin. Genau wie die Nachtigall hat es ein sehr umfangreiches Gesangsrepertoire und seine Darbietungen gleichen fast einem Konzert. Irritiert sind die meisten Laien hingegen, wenn sie zum ersten Mal den Ruf der Schwirle hören. Manfred Röhlen vergleicht ihn gerne mit dem Geräusch einer Nähmaschine. Die Vogelstimmen-Wanderungen in den Rieselfeldern kosten fünf Euro und wer ein Fernglas dabei hat, ist eindeutig im Vorteil.

Erfolgreiche Bürgerinitiative

Engagierte Bürger haben dafür gesorgt, dass aus den Rieselfeldern – einer ehemaligen Kläranlage – einer der wichtigsten Rast- und Brutplätze für Wat- und Wasservögel in Europa wurde. Viele Arten kommen regelmäßig hier hin; andere werden „vom Winde verweht". So sind schon vereinzelt Tiere aus dem nordskandinavischen Bereich oder teilweise sogar aus Amerika ins Münsterland verdriftet worden. Wenn es sich herum spricht, dass ein seltener Vogel in den Rieselfeldern gesichtet wurde, kommen auch ganz schnell die sogenannten Twitcher nach Münster. Wie andere Leute Briefmarken sammeln die Twitcher Vogelstimmen. Sie lauschen den Gesängen und machen dann einen Haken auf ihrer Liste.

Gelungene Emanzipation im Vogelreich

Auf Listen ganz anderer Art stehen das Odinshühnchen und sein Kumpan, das Thorshühnchen. Die beiden sind nämlich die einzigen emanzipierten Vogelarten der Welt. Bei ihnen kümmert sich allein das Männchen um die Aufzucht der Jungen. Und auch sonst läuft bei den beiden Gat-

Naturoase:
das Naturschutzgebiet im
Zwillbrocker Venn

tungen alles „verkehrt" herum ab. Mit einem auffälligen Gefieder versehen, balzen die Weibchen um die Männchen und verteidigen im Zweifelsfall auch ihr Revier. Die unauffälligen Männchen bleiben hingegen während der ganzen Brutzeit brav bei den Küken.

Tierische Rasenmäher

Wer sich weniger für Vögel begeistert, wird vielleicht an den Heckrindern seine Freude haben. Die robusten Rinder sind der Versuch, den ausgestorbenen Auerochsen zurückzuzüchten. In den Rieselfeldern fungieren die Tiere als lebende Rasenmäher. Sie halten die feuchten Wiesen kurz, so dass die Vögel problemlos brüten können. Denn wenn das Gras zu hoch wird, können Bodenbrütende Vögel wie die Uferschnepfe oder der Große Brachvogel ihre Nester nicht mehr bauen. Nicht nur deshalb sind die Rindviecher mittlerweile auch bei Vogelliebhabern sehr beliebt.

▶ **INFOS**

Biologische Station Zwillbrock e.V.
Zwillbrock 10
48691 Vreden
Tel. 02564/9860-0
Fax 02564/9860-29
info@bszwillbrock.de
www.bszwillbrock.de

Biologische Station „Rieselfelder Münster" e.V.
Coermühle 181
48157 Münster
Tel. 0251/161760
Fax 0251/161763
info@rieselfelder-muenster.de
www.rieselfelder-muenster.de

Das Schutzgebiet ist auch bei Wanderern und Fahrradfahrern beliebt

Niederrhein

88 | *Bed & Breakfast bei Lord & Lady*
Alter Adel zum Anfassen

94 | *Unterwegs mit der letzten Schmalspurbahn Nordrhein-Westfalens*
Eisenbahn-Romantik an der deutsch-niederländischen Grenze

100 | *Die Bauernmärkte des Niederrheins*
Von Blumen & Gemüse

106 | *Unterwegs mit der Draisine im Kreis Kleve*
Spaß auf Schienen

Schlafen wie Grafen – die Turmsuite
von Burg Boetzelaer

BED & BREAKFAST BEI LORD & LADY
Alter Adel zum Anfassen

> ❯❯ Schlafen wie Grafen – Übernachtungen in den schönsten Schlössern des Niederrheins
> ❯❯ Tür an Tür mit den adligen Eigentümern
> ❯❯ historisch und architektonisch spannende Aufenthalte

Wer gelegentlich gerne die Hochglanzblättchen im Wartezimmer liest, wird seine Freude an „Bed & Breakfast bei Lord & Lady" haben. Dieses Angebot gibt es zwar mittlerweile in ganz Deutschland und auch in einigen anderen Ländern Europas, aber „Schlafen wie Grafen" können Urlauber am schönsten am Niederrhein. Hier haben Freiherren, Grafen und Herzöge ihre altehrwürdigen Mauern für Übernachtungsgäste geöffnet.

Bei Freiherr und Freifrau von Wendt auf Burg Boetzelaer

Massive Mauern und große Glasfassaden, Türme und Spitzdächer – die alte Wehrburg ist eine Mischung unterschiedlicher Stile und Epochen. Im Laufe der Geschichte wurde Burg Boetzelaer so stark zerstört, dass heute nur noch die Original Grundfesten erhalten sind. Auf das Fundament aus dem 13. Jahrhundert baute man im 21. Jahrhundert dann modernes Glasdesign – zusammen ein ungewohnter, aber durchaus reizvoller Anblick. Seit kurzem können Besucher in dem Gebäude auch übernachten. Die Besitzer, Freiherr und Freifrau von Wendt, bieten Bed & Breakfast für Betuchte an. Maximilian Freiherr von Wendt behagt das neue Leben in den alten Mauern sichtlich. Für ihn ist die heutige Gastlichkeit eine Fortsetzung jahrhundertealter Traditionen. Denn bereits im Mittelalter war Burg Boetzelaer öffentliche Begegnungsstätte und auch Fluchtraum für die Bevölkerung. Die zahlenden Gäste sind heute in aller Regel nicht mehr auf der Flucht und dementsprechend entspannt können sie die Annehmlichkeiten des herrschaftlichen Anwesens genießen.

Bild Seite 89:
Interessanter Mix aus verschiedenen Stilen und Epochen – Burg Boetzelaer

Historischer Gewölbekeller und romantische Turmsuite

Bewirtet werden die Besucher in dem alten Gewölbekeller – einem Überbleibsel aus dem Mittelalter. Ein prasselnder Kamin und dutzende Kerzen sorgen hier für romantische Atmosphäre. Denn Romantik ist das, was die Besucher heute in der alten Wehrburg suchen. So kriegerisch die Geschichte derer von Boetzelaer war, so friedvoll geht es jetzt hinter den Mau-

Bild Seite 90/91:
Das Kaminzimmer von Burg Boetzelaer

Das Kellergewölbe von Burg Boetzelaer ist ein Überbleibsel aus dem Mittelalter

ern und im Burgpark zu: Heiratsanträge und ewige Liebesschwüre statt Kampfgeschrei und Kanonendonner. Die Gästezimmer der Burg sind verstreut über die ganze Anlage. Einige sind im Schloss selbst untergebracht; andere in der Vorburg. Die Übernachtungspreise variieren je nach Größe und Ausstattung der Räume. Brautpaare nächtigen mit Vorliebe in der Turmsuite – von hier oben hat man einen fantastischen Blick auf die Niederrheinische Parklandschaft und das „Boetzelaerer Meer". Gemeint ist damit ein flaches Gewässer an den Ausläufern des Rheins, das seit 1985 unter Naturschutz steht. Auch Kammerkonzerte, Ausstellungen und Lesungen finden regelmäßig in der Burg statt. Besonders beliebt sind die Krimi-Dinner, die hier schon seit einigen Jahren serviert werden.

Illustre Gastgeber am Niederrhein

Burg Boetzelaer ist zusammen mit neun weiteren nordrheinwestfälischen Schlössern, Burgen und Herrensitzen bei „Culture und Castles" organisiert. Erklärtes Ziel ist, die architektonische Schönheit früherer Jahrhunderte für künftige Generationen zu sichern. „Culture und Castles" vertritt eine illustre Klientel. Zu ihr zählen beispielsweise Graf und Gräfin zu Oldenburg von der Schlossruine Hertefeld in Weeze. Hertefeld gilt als

Deutschlands einzige bewohnbare Schlossruine. Sie liegt in einem fünf Hektar großen Park und bietet neben jeder Menge Geschichte auch die Annehmlichkeiten, die man von einem gräflichen Haushalt erwartet. Tatsächlich wohnt man hier mit den adligen Herrschaften quasi „Tür an Tür". Auch Freiherr von Loë mit Schloss Wissen ist mit von der Partie. In der ehemaligen Gesindesiedlung seines Schlosses gibt es jetzt 18 Übernachtungsmöglichkeiten, die alle individuell gestaltet sind. Der Hochadel ist bei Culture & Castle auch vertreten: Herzog und Herzogin von Urach bieten in ihrem Schloss Ossenberg ebenfalls Bed & Breakfast an. Das Frühstück wird in der wunderschönen Bibliothek des Hauses serviert. Da es sich bei den Häuern fast immer auch um den privaten Wohnort der adligen Familien handelt, unterscheidet sich die Atmosphäre erheblich von normalen Schlosshotels. Wann immer es möglich ist, begrüßen die Gastgeber ihre Gäste persönlich. Denn auch ihnen ist bewusst, welchen Beitrag die Besucher zum Erhalt der Kulturdenkmäler leisten.

▶ **INFOS**

Burg Boetzelaer
Reeser Straße 247
47546 Kalkar-Appeldorn
Tel. 02824/977990
Fex: 02824/9779999
www.burgboetzelaer.de
info@burgboetzelaer.de

Culture & Castles
Leyenburg 3
47509 Rheurdt
Tel. 02845/29610-42
Fax.: 02845/29610-47
info@culture-castles.de
www.culture-castles.de

Auch das malerische Schloss Ossenberg bei Wesel gehört zu Culture & Castle

Unterwegs mit der letzten
Schmalspurbahn Nordrhein-Westfalens
Eisenbahn-Romantik an der deutsch-niederländischen Grenze

> ❯❯ Romantische Bahnfahrten mit der letzten Schmalspurbahn NRWs
> ❯❯ Großes Open-Air Museum zum Anfassen
> ❯❯ Saisonelle Angebote wie Spargel- und Nikolausfahrten
> ❯❯ Lokführer-Seminare

Es gibt wohl wenige Orte, an denen man mehr über die Romantik des Reisens früherer Tage erfährt als im Kreis Heinsberg – denn hier verkehrt die letzte historische Schmalspurbahn Nordrhein-Westfalens. Nicht nur Eisenbahn-Nostalgiker kommen bei diesem Ausflugstipp auf ihre Kosten.

Nostalgie pur im Freilichtmuseum
Ihren Namen hat die Bahn von dem kleinen Landstrich Selfkant unmittelbar an der holländischen Grenze. 1900 eröffnet, verkehrte sie früher zwischen den Grenzdörfern und dem Aachener Kohlerevier. Heute ist die Trasse nur noch fünfeinhalb Kilometer lang; sie führt entlang von blühenden Raps-Feldern und durch verschlafene kleine Dörfer. Fahrgäste können an vier Stationen ein- und aussteigen. Die meisten tun das im Bahnhof von Schierwaldenrath, wo man sich zwischen alten Waggons, Kohlehaufen und einer großen Wasserpumpe wie in einem anderen Jahrhundert fühlt. Die Selfkantbahn versteht sich als Freilichtmuseum und das nicht nur zum Anschauen. Soweit die Sicherheit es erlaubt, darf hier alles angefasst und erfragt werden. Und so sind die Besucher bereits beim Fahrkartenkauf begeistert von der geräuschvollen alter Registrierkasse und dem alten Nickesel, der das aktuelle Datum auf die Fahrscheine druckt. Einige weniger witterungsbeständige Gegenstände sind dann aber doch in ein überdachtes Gebäude gebracht worden. Jeden dritten Sonntag im Monat finden auf dem Gelände kostenlose Führungen statt – es gibt auch spezielle Führungen für Kinder, an denen erstaunlich viele Väter teilnehmen. Wenn genügend Interessierte da sind, gibt es die Rundgänge auch einfach auf Zuruf.

Ehrenamtliches Engagement

Die Original-Fahrzeuge der Selfkantbahn wurden größtenteils verschrottet. Was heute auf den schmalen Gleisen verkehrt, haben die Mitarbeiter überall auf der Welt zusammengesucht und aufwendig restauriert. Eine Original Diesellokomotive der Selfkantbahn, die nach Afrika verkauft worden war, konnten sie allerdings von dort zurückholen. Der Kaufpreis war mit 1.000 Mark damals durchaus erschwinglich; der Transport von Togo über Antwerpen nach Heinsberg hat allerdings das Zehnfache gekostet. Das ganze Unterfangen war ohnehin nur durch Spenden und das Engagement der Ehrenamtlichen möglich. Ohne sie würde es die Museumsbahn schlicht nicht geben. Vom Tierpfleger bis zum Software-Ingenieur ist dabei alles vertreten – auch einige Berufseisenbahner, die selbst ihre Freizeit noch an den Gleisen verbringen. Insgesamt sind es rund 100 Aktive, die den historischen Betrieb am Laufen halten. Lokführer Günther Steinhauer ist einer von vier hauptberuflichen Mitarbeitern der Selfkantbahn. Mit schwarzer Schaschlik-Mütze und blau-weißen Bergmannshemd

Bei der Selfkantbahn werden die Kohlen noch per Hand verladen

Bild Seite 96/97:
Die Selfkantbahn fährt in den kleinen Bahnhof von Gillrath ein

Auf dem Bahnhofs- und Museumsgelände werden regelmäßig kostenlose Führungen angeboten

versieht er hier seinen anstrengenden Dienst. Denn auf dem Führerstand herrschen Temperaturen von bis zu 50 Grad – was im Sommer eine echte Herausforderung ist. Von seinem Vater hat er die Liebe zur Eisenbahn geerbt und schon als kleiner Junge stand für ihn fest, dass er einmal Lokführer werden will. 1971 ging es erst mal zur Heizerausbildung zur Deutschen Bundesbahn. Im gleichen Jahr begann aber auch schon sein ehrenamtliches Engagement bei der Selfkantbahn. Sobald es möglich war, wechselte Günther Steinhauer dann als Lokführer für Dampflokomotiven ganz zur Museumsbahn. Und auch nach Jahren freut er sich jeden Tag aufs Neue über die gemächliche Fahrt entlang von sattgrünen Wiesen und tiefgelben Rapsfeldern.

Programm rund ums Jahr

Die Eisenbahner haben sich einiges einfallen lassen, um die Selfkantbahn das ganze Jahr über attraktiv zu machen. Im Frühjahr gibt es Spargel-, im Herbst Musik- und im November Nikolausfahrten. Die Nikolausfahrten sind mittlerweile so beliebt, dass alle zehn vorhanden Waggons an diesen Tagen zum Einsatz kommen. Natürlich ist auch ein passendes Programm für den historischen Büffet-Waggon gefunden werden und so gibt es hier jeden ersten Sonntag im Monat ein reichhaltiges Frühstück und seit kurzem auch üppige Gourmet-Menüs. Die servieren Sterneköche aus der Region in der Selfkantbahn. Mit rund 60 Euro sind die Menüs nicht ganz

günstig, aber die Herren und Damen lassen sich ihr Renommee nun mal entsprechend bezahlen und in der Selfkantbahn ist das ganze allemal romantischer als in einem normalen Restaurant. Großen Zuspruch finden auch die Ehrenlokführer-Seminare, die von den Mitarbeitern veranstaltet werden. Von Freitag bis Sonntag lernen die Teilnehmer, wie eine Lok zu bedienen ist. Am Ende des Seminars wird feierlich ein Lokomotivführerschein überreicht. Der berechtigt aber leider nicht zum selbstständigen Führen einer Lokomotive, was der Begeisterung der fast ausschließlich männlichen Teilnehmer allerdings keinen Abbruch tut. Die normale Fahrt mit der Selfkantbahn kostet für Erwachsene sechs Euro und für Kinder drei Euro.

NIEDERRHEIN

▶ **INFOS**

**Interessengemeinschaft
Historischer Schienenverkehr e.V.**
Postfach 10 07 02
52007 Aachen
Tel. 0241/82369
Fax 0241/83491
info@selfkantbahn.de
www.selfkantbahn.de

Bild oben:
Auf dem Führerstand
herrschen Temperaturen
bis zu 50 Grad

Bild unten:
Lokführer Günther Steinhauer
auf dem Führerstand

Die Bauernmärkte des Niederrheins
Von Blumen & Gemüse

> ›› Die schönsten Bauernmärkte des Niederrheins
> ›› Regionale und saisonale Produkte direkt vom Bauern
> ›› Landfrauen-Café mit selbstgebackenem Kuchen
> ›› Bustouren zu den Erzeugerhöfen

Schöne Märkte gibt es viele in NRW; die kleinen Bauernmärkte am Niederrhein sind aber etwas Besonderes: Sie liegen in idyllischen Dörfern, bieten frische Ware, die nur wenige Kilometer entfernt geerntet wird, und bringen Besucher mit den örtlichen Bauern in Kontakt. Denn zu dem Konzept der Bauernmärkte gehört es, dass die Erzeuger ihre Produkte selbst verkaufen. Und so kann man dann mit den Landwirten Rezepte und Erfahrungen austauschen und dabei stets sicher sein, beste Qualität zu kaufen.

Im Schatten von zwölf Kastanien stehen die sechs Verkaufsstände in Winnekendong

In den Sommermonaten verwandelt sich der kleine Bauernmarkt in ein großes Open Air-Café

Der Bauernmarkt in Winnekendong

Im Schatten von zwölf alten Kastanien stehen die sechs kleinen Verkaufsstände des Bauernmarktes von Kevelaer-Winnekendong. Jeden Freitagnachmittag gibt es hier Butter und Blumen, Käse und Kartoffeln, Honig und Hausgemachte Wurst, Ziegenmilch und -fleisch. Konventionelle Anbieter stehen einträchtig neben Bio-Bauern und die Kunden am liebsten vor dem Stand mit selbst gebackenem Kuchen. Der ist so beliebt, dass sich der kleine Markt in den Sommermonaten sogar in ein großes Open Air-Café verwandelt.

Ferkelrennen und Pflaumenköniginnen

Entstanden sind die Bauernmärkte des Niederrheins aus politischen Initiativen. Aus den theoretischen Überlegungen haben die niederrheinischen

Bauern dann eine gut funktionierende Praxis gemacht. Mittlerweile bieten sie Besuchern das ganze Jahr über ein unterhaltsames Programm. Es gibt Frühjahrs- und Herbstfeste. Traktorfahrten und Ferkelrennen für die Kleinen; huldvoll lächelnde Kartoffel- und Pflaumenköniginnen für die Großen. Mit ihren Aktionen möchten die Bauern Bewusstsein schaffen. Denn den wenigsten Verbrauchern ist klar, welche weit reichenden Folgen

Marktstand mit heimischen Äpfeln in Loikum

ihre Kaufentscheidungen haben. Beispiel Honig. Wer die einheimische Blumenpracht auch künftig sehen möchte, tut gut daran Honig aus der Region zu kaufen. Neben ökologisch korrektem Handeln gibt es aber auch einen weit profaneren Grund auf den Bauernmärkten einzukaufen: den Geschmack!

Der Bauernmarkt in Loikum

Wer einmal die eingelegten Gürkchen, Silberzwiebeln und Rote Beete von Gerd Graaf probiert hat, wird für die industriell hergestellten Produkte nur noch ein müdes Lächeln überhaben. Der geschmackliche Unterschied ist so groß, dass man ihn schwer beschreiben kann. Sinnvoller ist es da schon, das süß-sauer eingelegte Marktgemüse einfach einmal zu probieren. Gerd Graaf ist einer von einem halben Dutzend Bauern, die regelmäßig auf dem kleinen Markt in Loikum stehen. Neben der Einmachware

Eingelegte Gürkchen, Silberzwiebeln und Rote Beete für Feinschmecker

▶ **Extra-Tipp**

Die beiden vorgestellten Märkte gehören zum Zusammenschluss „Rheinische Bauernmärkte". Zwischen Krefeld und Düsseldorf gibt es mittlerweile acht Märkte, die sich als eingetragene Vereine um die Direktvermarktung ihrer Produkte bemühen. Es sind ausschließlich Landwirte und Gärtner aus dem Umland – kein Erzeuger darf weiter als 80 km vom jeweiligen Markt entfernt leben. Sogar einen Umwelt-Preis haben die Bauern für ihre Märkte schon erhalten. Für zukunftsweisendes ökologisches Handeln – vergeben vom Landwirtschaftsministerium NRW.

Das Landfrauencafé von Loikum ist bis ins Ruhrgebiet bekannt

bietet er auch selbst angebaute Kartoffeln und frisches Gemüse an, das je nach Jahreszeit wechselt. Denn eines der Prinzipien der Bauernmärkte ist, dass nur Produkte verkauft werden, die gerade Saison haben.

Das Landfrauencafé von Loikum

Parallel zum Bauernmarkt öffnet jeden Freitagnachmittag das Landfrauencafé von Loikum. Wer hier einen freien Platz finden will, sollte etwas Geduld mitbringen oder sich einfach zu fremden Leuten an den Tisch setzen. Denn der selbst gebackene Kuchen löst jeden Freitag einen regelrechten Ansturm aus. Es gibt Kalten Hund und Käsekuchen. Frankfurter Kranz und Buchweizen Eierlikörtorte. Zupfkuchen und Himbeerquarktorte. Obstkuchen mit Birnen, Äpfeln oder Pflaumen. Quarkbällchen, Berliner und Nussecken. Dazu Brot, Marmelade und ein Backbuch, das die Landfrauen selbst geschrieben haben.. Sogar aus Oberhausen und Duisburg kommen Stammgäste, um die Kuchen von Katharina Müller und ihren fünf Kolleginnen zu genießen.

NIEDERRHEIN

Ausflüge zu den Erzeugerhöfen

In den Sommerferien werden auch Bustouren zu den Bauernhöfen der Region angeboten. Die Fahrten starten am Markt in Loikum und führen zu den Betrieben, deren Ware hier verkauft wird. Die Tour ist einerseits eine Vertrauen schaffende Maßnahme, andererseits ein echtes Erlebnis. Denn neben den bäuerlichen Mahlzeiten, die den Besuchern unterwegs serviert werden, hat man auch Gelegenheit beispielsweise beim Melken von Pferden zuzusehen. Stuten, so erfährt man dabei, geben anderes als Kühe nur dann Milch, wenn man ihnen das Jungtier lässt. Die Entwicklungsagentur Wirtschaft vermittelt für Interessierte auch Hofführungen, Verkostungen und Kindergeburtstage auf niederrheinischen Bauernhöfen.

▶ **INFOS**

Rheinischer Bauernmarkt e.V.
vertreten durch den 1. Vorsitzenden,
Andreas Straetmans
Dorfstraße 199
47647 Kerken-Stenden
Tel. 02833/4596
Kontakt@bauernkaese.info
www.bauernmarkt.netzwerkagrar-buero.de

EntwicklungsAgentur Wirtschaft
Reeser Landstraße 41
46483 Wesel
Ansprechpartnerin: Monika Stallknecht
Tel. 0281/2074923
Fax 0281/2074711
monika.stallknecht@kreis-wesel.de
www.gutes-vom-niederrhein.de

Auf den niederrheinischen Bauernmärkten werden ausschließlich regionale und saisonale Waren angeboten

Unterwegs mit der Draisine im Kreis Kleve
Spaß auf Schienen

>> eine der schönsten Draisinen NRWs
>> landschaftlich reizvolle Strecke entlang von alten Mühlen und dem einzigen Weinberg der Niederlande
>> Club-Draisinen für Partys auf den Schienen

NIEDERRHEIN

17 Jahre lag die historische Bahnstrecke zwischen Kleve, Kranenburg und dem niederländischen Groesbeek still. Als dann erste Überlegungen aufkamen, die landschaftlich reizvolle Trasse mit Draisinen wieder zu befahren, war die Reaktion einhellig – einhellig kritisch. Kaum jemand glaubte, dass Besucher ausgerechnet für eine Draisinenfahrt in die abgelegene Grenzregion kommen würden. Heute wissen es auch die größten Skeptiker besser.

Fahrt entlang von barocken Parks und idyllischen Weinbergen – die Draisine verkehrt im deutsch-niederländischen Grenzgebiet auf einer landschaftlich reizvollen Trasse

| 107

Mit Muskelkraft geht es voran

Für die Fahrt können Besucher zwischen zwei Arten von Draisinen wählen: der Fahrrad-Draisine und der Club-Draisine. Auf der Fahrrad-Draisine finden vier Personen Platz, wobei zwei das Treten übernehmen. Auf die Club-Draisine passen 14 Personen. Hier müssen sich vier Mitfahrer für die übrigen abstrampeln, was wegen des ebenen Geländes aber nur halb so schlimm ist, wie es sich anhört. Die Club-Draisinen werden in erster Linie für Feiern gebucht. Familien-, Firmen- und Vereinsfeste sind schon zu Dutzenden feucht-fröhlich auf den Draisinen begangen worden. Und auch bei den Strecken können die Fahrgäste zwischen zwei Routen wählen.

Die Ausgiebige

Die „Ausgiebige" ist mit gut zehn Kilometern die längere Tour. Für die Strecke Kranenburg-Kleve-Kranenburg sollte man gut 70 Minuten einplanen. Selbstverständlich kann die Ausgiebige auch in umgekehrter Rich-

Typisch niederrheinische Landschaft

tung, also von Kleve über Kranenburg und wieder zurück nach Kleve befahren werden. Auf der Route passieren die Draisinen die Donsbrügger Mühle, in der heute noch Brot gebacken wird, und die historischen Gartenanlagen der Stadt Kleve. Sie gelten als herausragendes Beispiel der frühen europäischen Gartenkunst. Die Komposition von Skulpturen und exotischen Gewächsen aus dem 17. und 18. Jahrhundert ist so gelungen, dass sie auch noch im 21. Jahrhundert bei einem europaweiten Gartenwettbewerb den zweiten Platz belegte. Der Eintritt in den Forstgarten und den benachbarten Barockgarten ist kostenlos. In den Sommermonaten finden hier verschiedene Führungen zum Thema Gartenarchitektur statt.

Die Grenzenlose

Wie der Name es vermuten lässt, führt die „Grenzenlose" in die Niederlande. Die 5,5 Kilometer lange Trasse verbindet den Bahnhof in Kranenburg mit dem niederländischen Groesbeek. Unmittelbar nach der Grenze kommen die Fahrgäste am „Wijngaard" in Groesbeek – einem der wenigen Weinberge der Niederlande – vorbei. Von Montag bis Donnerstag kosten die Fahrten pro Person zehn Euro und an den übrigen Tagen zwölf Euro. Kinder erhalten 50% Ermäßigung.

Das Drumherum der Draisine

Auch nach der Fahrt können Ausflügler in der Region einiges unternehmen. Beispielsweise den schon auf der Fahrt in Augenschein genommenen Barock- und Forstgarten in Kleve besuchen. Oder die Donsbrügger Mühle. Die gut 20 Meter hohe Holzmühle beherbergt ein Museum und wird von einigen Ehrenamtlern liebevoll geführt. Sie bieten unter anderem Führungen durch die Mühle, Brot-Backkurse und ein Mühlen-Vesper an. Für 6,50 Euro können Besucher hier das Mühlenbrot probieren und dazu Schinken, Käse und Griebenschmalz. Auch der Kaffee ist im Preis inklusive.

▶ **INFOS**

Grenzland Draisine GmbH
Bahnhofstraße 15
47559 Kranenburg
Tel. 02826/9179900
Fax 02826/9179957
info@grenzland-draisine.eu
www.grenzland-draisine.eu

Führungen durch die Gärten in Kleve

Kleve Marketing GmbH
Werftstraße 1
47533 Kleve
Tel. 02821/89509-0
stadtmarketing@kleve.de
www.kleve.de

Alte Mühle Donsbrüggen
Heidestraße 5
47433 Kleve-Donsbrüggen
Tel. 02821/28882
(nur während der Öffnungszeiten)
info@muehle-donsbrueggen.de
www.muehle-donsbrueggen.de

RHEINLAND

112 | *Die Gartenroute Rheinland*
Von Klostergärten, Mammutbäumen und Palmenalleen

122 | *Führung auf dem Kölner Melaten Friedhof*
Von Millowitsch und Millionären

128 | *Historische Wanderungen im Aggertal*
Wo sich Napoleon bettete

134 | *Unheimliche Wanderung in Bedburg*
Auf den Spuren des Werwolfs von Epprath

Barocker Terrassengarten Kloster Kamp,
Kamp-Lintfort

Die Gartenroute Rheinland

Von Klostergärten, Mammutbäumen und Palmenalleen

> » Die schönsten Gärten des Rheinlandes
> » Einmalige Naturdenkmäler
> » Mustergärten als Inspiration für den eigenen Garten
> » Erste Palmenallee Deutschlands
> » Führungen zu allen Themen der Gartenkultur

Um schöne Gärten zu sehen, reisen die Menschen nach Großbritannien, Frankreich und Italien. Dort erfreuen sie sich an perfekt arrangierten Landschaftsparks, verspielten Renaissance-Gärten und pompösen Barock-Anlagen. Doch um eine solche Pflanzenpracht zu erleben, müssen Gartenfreunde nicht erst ins Ausland fahren. In NRW gibt es mittlerweile Dutzende Gärten, die dem internationalen Vergleich jederzeit standhalten. Die schönsten Gärten unseres Bundeslandes sind vor einigen Jahren zu speziellen Routen zusammengefasst worden – eine davon ist die Gartenroute Rheinland. Sie trägt den Titel „Einblicke – Ausblicke" und zeigt neben sehr unterschiedlichen Gärten auch architektonisch interessante Gebäude.

Ein Hauch von Versailles in Kamp-Lintfort

Ein backsteinfarbenes Gebäude mit mächtigen Turmaufbauten; rechts davon eine sechseckige Kapelle und links ein kleiner Kräutergarten – das ehemalige Zisterzienserkloster in Kamp-Lintfort bietet auch nach mehrmaligen Zerstörungen und Wiederaufbauten immer noch einen imposanten Anblick. Doch nichts deutet auf das hin, was man wenige Meter weiter sehen wird. Und so gibt es immer wieder Rufe der Überraschung und Begeisterung, wenn die Besucher um die Ecke biegen und den Terrassengarten des Klosters entdecken –so unerwartet ist die Symmetrie und Harmonie des Ortes. Zu beiden Seiten der Anlage stehen Hainbuchen. Durch einen Schablonenschnitt wirken sie völlig identisch. Akkurat reihen sich dazwischen 16 Blumenbeete aneinander. In ihnen wachsen Schmuckgemüse und diverse Duftkräuter. Ihr intensiver Geruch gelangt noch bis in die letzten Ecken des Gartens, so dass Besuchern nicht nur optisch etwas von dem Barockgarten haben. Zusammen mit seinen Kollegen

Bild Seite 113:
Tiefrot schimmern die Blätter der Blutbuche in der Kölner Flora

Bild Seite 114/115:
Schon mehrfach prämiert – die modernen Gärten von Schloss Dyck

Von allen Seiten wirkt Schloss Dyck bei Jüchen wie ein perfekt arrangiertes Gemälde

sorgt Gärtnermeister Ingbert Schwinum dafür, dass das Gesamtkunstwerk das ganze Jahr über erhalten bleibt. Der Gärtnermeister ist zu Recht stolz auf die Anlage. Angeblich soll sie sogar dem Preußenkönig Friedrich als Vorbild für die Gärten von Sanssouci gedient haben – bewiesen ist diese historische Anekdote allerdings nicht. Die Anlage ist von acht Uhr morgens bis Sonnenuntergang für das Publikum geöffnet; es gibt auch ein kleines Feld, wo Besucher Schnittblumen pflücken können. Je nach Größe des gepflückten Straußes hinterlässt man dann einen Preis zwischen einem und zehn Euro.

Adliger Gartenfreund

Der schöne Barockgarten in Kamp-Lintfort ist einer von insgesamt fünf Gärten der Route Rheinland. Auch Schloss Dyck bei Jüchen zählt dazu. Das Wasserschloss wurde 1094 erstmals urkundlich erwähnt und befand sich über Jahrhunderte im Besitz der Familie Salm-Reifferscheidt-Dyck. Den Grundstein für die heutigen Gärten wurde 1794 von Fürst Josef, einem leidenschaftlichen Botaniker und Pflanzensammler, gelegt. Seinen Schlosspark ließ er in Form eines englischen Landschaftsgartens anlegen. Der Fürst hatte damals schon eine der größten Pflanzensammlungen

Europas und galt als anerkannter Experte. Seine Bücher über Botanik fanden selbst in der Fachwelt große Beachtung. Die heutige Stiftung für Gartenkunst und Landschaftskultur mit Sitz im Schloss sieht es als ihre Aufgabe, die Arbeit des Fürsten fortzusetzen.

Perfekt arrangiertes Landschaftsgemälde
Ein Spaziergang durch den Parkähnlichen Landschaftsgarten eröffnet immer neue Einblicke auf das Schloss: Erst sieht man nur den Burggraben mit seinen schwarzen Schwänen, dann einen Turm, wenig später die hohen Mauern – von allen Seiten wirkt die Aussicht wie ein perfekt arrangiertes Gemälde. Und das ist von den Landschaftsarchitekten auch genau so gewollt. Wer genauer hinsieht, erkennt dann, dass im Schlosspark ganz unterschiedliche Bäume stehen: 180 verschiedene Arten, wovon viele schon sehr alt sind. Es gibt hier Eschen, die mit gut 40 Metern die höchsten in ganz NRW sind, und eine gewaltige Sumpfzypresse, deren überirdiges Wurzelwerk ausgesprochen bizarr aussieht. Der interessanteste Baum ist eine alte Eibe. Sie hat einen Umfang von fast hundert Metern und ihre Äste hängen nach allen Seiten so tief zu Boden, dass eine regelrechte Höhle entsteht – nicht nur Kinder begeistern sich für dieses kleine Naturwunder.

Ganz unterschiedliche Gärten
Schloss Dyck ist auch deshalb für Gartenfreunde so interessant, weil es ganz verschiedene Anlagen beheimatet. Neben dem pompösen Schlosspark gibt es auch ganz bodenständige Gärten. Allen voran die Mustergärten. Hier können sich Besucher für den heimischen Garten inspirieren lassen. Denn das Gezeigte ist mit etwas Aufwand auch für Hobbygärtner zu realisieren. Ungewöhnlich ist der moderne Teil für den die Jüchener schon mehrfach Preise gewonnen haben. In seiner Schlichtheit ist er das genaue Gegenteil der verspielten Barockanlage in Kamp-Lintfort; die linienförmigen Beete aus Bambus, Birken und Buchsbäumchen haben aber auch ihren Reiz. Viele der präsentierten Pflanzen werden direkt auf Schloss Dyck

▶ **Extra-Tipp**

Im Mai und Juni sieht man die ganze Blütenpracht der 11,5 Hektar großen Anlage. Aber auch im Herbst lohnt sich ein Besuch, denn im Oktober wird in den Gärten noch einmal für den Winter gepflanzt. Dazu kommen die vier großen Schaugewächshäuser, in denen man das ganze Jahr über exotische Pflanzen bewundern kann.

Über 10 000 verschiedene Pflanzen sind in der Kölner Flora zu bewundern

verkauft; dazu selbst angebautes Obst und vor Ort gepresste Säfte. Auch ein Restaurant befindet sich auf der Anlage. Der Eintritt auf das weitläufige Gelände kostet acht Euro; themenbezogene Führungen finden mehrfach im Monat statt. Termine und Themen können auf der Homepage eingesehen bzw. am Infotelefon erfragt werden. Sie starten jeweils um 14 Uhr und kosten zusätzlich zum Eintritt drei Euro.

Und von Jüchen gelangt man dann in einer halben Stunde zum nächsten Garten der Route Rheinland: Zur „Göttin der Natur" – der Kölner Flora.

Einmalige Naturdenkmäler

21 Meter ragt hier ein gewaltiger Mammutbaum in die Höhe. Tiefrot schimmern die Blätter der Blut-Buche und in einem dunklen Teich leuchten cremefarbene Lotosblüten wie helle Sterne. Wer durch die Kölner Flora schlendert, gerät unweigerlich ins Schwärmen. Denn unter den 10.000 verschiedenen Pflanzen finden sich Jahrhunderte alte Bäume, die längst als Naturdenkmäler gelten. Von der Gründerzeit der Flora sind allerdings nur noch wenige Originalpflanzen erhalten; die meisten wurden im zweiten Weltkrieg zerstört. Umso mehr bemüht man sich daher um die verbliebenen Originale, wie eine 150-jährige Blutbuche, die noch heute an dem Platz steht, wo sie 1863 von dem berühmten Landschaftsgärtner Peter Joseph Lenné platziert wurde – freistehend und von weiten sichtbar. Es ist aber nicht nur der Respekt vor der historischen Planung, die die Kölner so sehr um ihren alten Baumbestand kämpfen lässt – neue Bäume in einer vergleichbaren Größe kosten zwischen 4.000 und 20.000 Euro.

LEBENDIGE ZEUGEN DES ROKOKO

WELTERBE SCHLOSSPARK BRÜHL

**Schloss Augustusburg
Jagdschloss Falkenlust
und Schlosspark Brühl**

www.schlossbruehl.de | Tel. 02232/44 000 | 50321 Brühl

Von „faulen Bäumen" und der ersten deutschen Palmenallee

Regelmäßig finden in der Flora Führungen zu den unterschiedlichsten Themen statt. Wer Glück hat, wird von Stephan Anhalt, dem Leiter der Gärten, persönlich herumgeführt und auf besonders interessante Pflanzen hingewiesen – wie beispielsweise den Beamtenbaum. Seinen Spitznamen verdankt er dem Umstand, dass sein Laub als letztes im Frühjahr kommt und dafür als erstes im Herbst wieder geht. Genauso unterhaltsam ist die Geschichte der ersten deutschen Palmenallee, die 2008 in der Kölner Flora eröffnet wurde. Bei den Palmen handelt es sich um „echte Kölner Jungen und Mädchen" wie Stephan Anhalt erklärt. Denn die 30 Exemplare, die die Allee bilden, sind alles Nachkommen der ersten chinesischen Hanfpalmen, die in den 1970er in Köln ausgepflanzt wurden. Dass die Pflanzen so gut gedeihen, ist eine Besonderheit und die Palmenallee ist es erst recht. Denn in Deutschland gibt es bisher nur eine einzige Freiland-Allee aus Palmen. Noch sind die „Jungs und Mädels" im Teenageralter, aber wenn sie in einigen Jahren ausgewachsen sind, kann man in Köln dann im Schatten von Palmen flanieren. Der Eintritt in die Kölner Flora ist frei. Themenbezogene Führungen kosten vier Euro. Sie finden jeden Sonntag um 11 Uhr statt. Das jeweilige Thema kann beim Infotelefon erfragt bzw. auf der Internetseite eingesehen werden. Treffpunkt ist der Tropenhof bei den Schaugewächshäusern.

RHEINLAND

▶ **INFOS**

Die drei vorgestellten Gärten der Route Rheinland:

Flora & Botanischer Garten der Stadt Köln
Amsterdamer Straße 34
50735 Köln
Tel. 0221/56089-0
(Mo–Fr 8.30–12.00 Uhr)
www.botanischergarten-koeln.de
Eintritt: frei

Stiftung Schloss Dyck
Zentrum für Gartenkunst und Landschaftskultur
41363 Jüchen
Tel. 02182/824 0
info@stiftung-schloss-dyck.de
www.stiftung-schloss-dyck.de
Eintritt: Tagesticket 8,- Euro; Abendticket 5,- Euro (Erwachsene)
Montag ist Ruhetag.

Terrassengarten des Kloster Kamp-Lintfort
Abteiplatz 13
47475 Kamp-Lintfort
Tel. 02842/927540
www.kloster-kamp.com
Eintritt: frei

Tipp:
www.strasse-der-gartenkunst.de

Unterhaltsame Führungen – Stephan Anhalt erzählt mit viel Humor von „faulen Bäumen" und „kölschen Jungs und Mädchen"

Bild Seite 120:
Auf Schloss Dyck eignen sich selbst die Nebengebäude als Filmkulisse

Führung auf dem Kölner Melatenfriedhof
Von Millowitsch und Millionären

> ❯❯ Der berühmteste Friedhof des Rheinlandes
> ❯❯ Begräbnisstätte berühmter Persönlichkeiten
> ❯❯ Monumentale Grabstätten und ungewöhnliche Kunstwerke
> ❯❯ Führungen zu den unterschiedlichsten Themen

Das Gedenken an die Verstorbenen ist nicht der einzige Grund, um die nordrhein-westfälischen Friedhöfe aufzusuchen. Viele Begräbnisstätten sind auch aus historischer Sicht interessant. Sie sind Orte der Besinnung und Begegnung. Beherbergen Denkmäler und Kunstwerke. Einer der bedeutendsten und interessantesten Friedhöfe unseres Bundeslandes ist der Kölner Melatenfriedhof.

Prunk und Protz über den Tod hinaus
Prachtvolle Monumente, die vom Reichtum der Verstorbenen künden. Ausgefallene Kunstwerke, die anstelle von Grabsteinen aufgestellt wurden und ein steinerner Sensemann, der an die Allgegenwart des Todes erinnert. Daneben huschen quick lebendige Eichhörnchen über die Gräber und gelegentlich ist ihnen sogar ein Fuchs auf den Fersen. Ein Besuch auf dem Kölner Melatenfriedhof ist aus verschiedenen Gründen interessant. Im Mittelalter war hier die erste Leprastation der Stadt und von „malade" – dem französischen Wort für krank – rührt auch der Name des Friedhofes. Zeitweise diente das weitläufige Gelände auch als Hinrichtungsstätte. Im Zuge der wahnwitzigen Hexenverfolgungen wurden hier Frauen und Mädchen als Hexen verbrannt. Wer sich weniger für die bewegte Geschichte des Ortes interessiert, kann auf Melaten auch einfach spazieren gehen und die Natur genießen. Denn der Friedhof ist heute ein riesiger Park mitten in der Stadt. Die Bepflanzung ist dabei so unterschiedlich wie die tierischen Bewohner. Neben den allgegenwärtigen Eichhörnchen leben hier aus dem Zoo ausgebüxte Sittiche und gelegentlich sieht man auch Kaninchen über die Gräber laufen.

Bild Seite 123:
Die Zeit kann der Schönheit dieses Grabmahls nichts anhaben

Gewaltige Gräber inmitten von Grün – der Melatenfriedhof ist auch ein schöner Park

Gut besuchte Promigräber

Hauptanziehungspunkt sind aber die Gräber prominenter Rheinländer auf Melaten. So pilgern Besucher gerne zum Grab der Familie Millowitsch. Der berühmte Volksschauspieler Willy Millowitsch wurde hier 1999 unter großer Anteilnahme der Bevölkerung beigesetzt. Sogar das WDR-Fernsehen übertrug das Ereignis live. Gleich gegenüber steht ein kleines, schlichtes Holzkreuz. Wer den Namen darauf liest, ist überrascht. Heinz G. Konsalik, der berühmte Schriftsteller, liegt hier begraben. Der Kontrast zwischen dem unauffälligen Grab und den Prunkstätten auf der benachbarten Mittelallee könnte nicht größer sein. Alles, was im Rheinland Geld und Titel hat, hat hier eine letzte Ruhestätte gefunden. Säulen, die in den

RHEINLAND

Pilgerstätte für viele Fans – das Grab von Willy Millowitsch

Ein einfaches Holzkreuz steht auf dem Grab des berühmten Schriftstellers Heinz G. Konsalik

▶ **EXTRA-TIPP**

Gruppenführungen finden regelmäßig auf Melaten statt. Wer es lieber individuell hat, kann auch eine ganz private Führung buchen. Für einen ersten Besuch empfiehlt sich eine allgemeine Führung. Danach kann man sich dann entscheiden, was einen persönlich am meisten interessiert: Promis auf Melaten, künstlerische Gräber aus Gusseisen, Marmor und Kalkstein oder das Thema Frauengestalten – die Anzahl möglicher Führungen ist enorm und nach einem anderthalbstündigen Rundgang hat man definitiv erst einen ganz kleinen Teil von Melaten kennen gelernt.

Himmel ragen; pompöse Engel aus Marmor und in Stein gemeißelte Lobeshymnen. Wegen des zur Schau gestellten Reichtums haben die Kölner die Mittelallee ironisch in Millionenallee umgetauft.

Grab-Patenschaften auf Melaten

Doch trotz des Spotts möchte eigentlich jeder Kölner auf Melaten begraben werden. Aber nur wer in dem Bezirk wohnt, hat darauf ein Anrecht. Um sich hier dennoch die letzte Ruhestätte zu sichern, gibt es seit kurzem noch eine weitere Möglichkeit: die Grab-Patenschaft. In Zusammenarbeit mit dem Kölner Stadtkonservator werden besonders erhaltenswerte Gräber ausgesucht, um die sich niemand mehr kümmert. Wer die Grabstelle dann saniert, sichert sich seine letzte Ruhestätte. Doch sollte man wissen, dass die Patenschaften sehr teuer werden können. Je nach Zustand des ausgesuchten Grabes müssen nämlich einige tausend Euro in die Wiederherstellung investiert werden. Günstiger ist es da zu Lebzeiten auf dem exklusiven Friedhof zu verweilen. Mütter sammeln hier mit ihren Kindern Kastanien; Angestellte aus den umliegenden Büros verbringen ihre Mittagspause auf Melaten und historisch Interessierte studieren eifrig die Inschriften der Grabsteine. Wer dabei Lust bekommt mehr über den faszinierenden Ort und seine Vergangenheit als Hinrichtungsstätte oder Lepra-Station zu erfahren, kann Führungen zu den unterschiedlichsten Themen mitmachen.

▶ INFOS

KölnTourismus GmbH
Unter Fettenhennen 19
50667 Köln
Tel. 0221/221 23332
fuehrungen@koelntourismus.de
www.koelntourismus.de

Allgemeine Informationen
www.melatenfriedhof.de

Bild Seite 126:
Wegen ihrer Pracht- und Prunkgräber wurde die Mittelallee von den Kölnern spöttisch in „Millionenallee" umgetauft

Historische Wanderungen im Aggertal
Wo sich Napoleon bettete

> » Der berühmteste Friedhof des Rheinlandes
> » Begräbnisstätte berühmter Persönlichkeiten
> » Monumentale Grabstätten und ungewöhnliche Kunstwerke
> » Führungen zu den unterschiedlichsten Themen

Nur rund 30 Kilometer von Köln und 25 Kilometer von Bonn entfernt, liegt das Aggertal. Als Naherholungsgebiet ist es eigentlich nur im unmittelbaren Umland bekannt. Dabei lässt es sich hier hervorragend wandern und im Sommer auch schwimmen. Der ruhige Verlauf der Agger verspricht sicheres Baden und wer noch einige Kilometer weiter in Richtung Oberbergischer Kreis fährt, gelangt zur Aggertalsperre und dem berühmten „Aggerstrand". Für sportlich ambitionierte oder historische interessierte Ausflügler ist das Tal das ganze Jahr über interessant.

Ländliche Idylle

Sanfte Hügel, weite Wiesen und vereinzelte Dörfer –wenn nicht gelegentlich ein Flugzeug im Anflug auf Köln-Bonn zu sehen wäre, könnte man fast glauben, dass der Fortschritt das Aggertal vergessen hätte. Die intakte Natur macht die Gegend zum beliebten Naherholungsgebiet. Insbesondere Wanderer und in den letzten Jahren auch immer mehr Nordic-Walker finden im Tal ideale Bedingungen vor. Das kleine Örtchen Wahlscheid nennt sich Perle des Aggertals. Von hier aus starten viele Touren ins Umland – sie führen entlang der Agger, durch dichte Wälder, Berge und Täler. Wer in der Region unterwegs ist, muss allerdings wissen, dass es hier immer mal wieder bergan geht. Ganz flach ist es im Aggertal nie. Durch Renaturierungsmaßnahmen könnten in einer Naturschule im Aggerbogen zahlreiche Tier- und Pflanzenarten wieder angesiedelt werden. In der Anlage bekommt man einen Eindruck davon, wie die ursprüngliche Landschaft des Aggertals einmal ausgesehen hat.

Beliebtes Ausflugslokal unmittelbar an der Agger – das Aggerschlösschen

Ausflugsziel Aggerschlösschen

So klein das Tal ist, so interessant sind die Ausflugsziele entlang der Wanderwege. Sie liegen landschaftlich reizvoll, wie beispielsweise das Aggerschlösschen. Restaurant und Biergarten liegen unmittelbar am gleichnamigen Fluss. Man erreicht das Lokal über eine schmale Holzbrücke, die vorbeifahrende Autos zu Tempo 10 km/h zwingt. Im Schlösschen gibt es typische Gerichte der Region. Dabei sind alle Portionen so üppig, dass es ratsam scheint nach dem Essen noch ein weiteres Ründchen zu laufen.

Kleines Schloss mit großer Vergangenheit

Für historisch Interessierte ist Schloss Auel ein Muss, denn hier haben schon diverse gekrönte Häupter genächtigt. 1391 wurde das Schloss als Wasserburg erbaut und nach seinen damaligen Besitzern, der Familie Auel, benannt. Seither war es im Besitz unterschiedlicher Adelsgeschlechter, bis es 1951 zum Hotel umgebaut wurde. Bei einer kompletten Sanierung des alten Gemäuers vor drei Jahren sind moderne Annehmlichkeiten ins Schloss gekommen, ohne dass der besondere Charme des Ortes zerstört

RHEINLAND

Bild Seite 131:
Romantischer Ort zum
Heiraten: die kleine Kapelle
von Schloss Auel

wurde. So sind Treppen und Wände auch heute noch schief; es knarrt wenn man die Stufen der alten Eichentreppe erklimmt und einige antike Türen quietschen so lautstark, dass es einem Katzenkonzert gleicht. Bei flackerndem Kerzenlicht fällt es auf Schloss Auel leicht sich vorzustellen, wie in früheren Jahrhunderten hier Berühmtheiten gerastet haben.

Napoleon guckt beim Baden zu

Allen voran Napoleon, der während seiner Inspektion der Rheinarmee 1811 auf Schloss Auel genächtigt hat. Das alte Himmelbett im Napoleon-Zimmer soll noch das Originalbett jeder Zeit sein. Jedenfalls ist es so klein, dass es die ideale Schlafstätte für den kleinwüchsigen Korsen gewesen sein muss. Am Bett finden sich so auch die eingravierten Initialen des Franzosen-Kaiser und selbst über der schicken, neuen Badewanne hängt ein Bild Napoleons, so dass man sich hier ganz vertraut mit dem Kaiser fühlen darf. Auch Kaiser Wilhelm II. war während der Bonner Studienzeiten seines Sohnes regelmäßig auf Schloss Auel zu Gast. Und auf der Durchreise von Russland nach Paris hat hier Zar Alexander I. Station gemacht. Als Hommage an die Berühmtheiten sind die Zimmer im Stil der Zeit eingerichtet, die den berühmten Gästen entspricht.

Auf Schloss Auel haben im
Laufe der Jahrhunderte
Kaiser und Könige übernachtet

Hochzeiten auf Schloss Auel

Charmant ist auch die kleine Kapelle, die sich im Schloss befindet. Mit ihrem Rokokoalter und den alten Gemälden lockt sie viele romantische Paare ins Aggertal, die sich hier das Ja-Wort geben. Auf die Bänke der Kapelle passen allerdings nicht allzu viele Gäste; weitere können der Zeremonie von einer Galerie aus beiwohnen. Und das wirkt dann endgültig wie in einem anderen Jahrhundert. Neben den aufwendigen Menüs für Hochzeitsgesellschaften oder Firmenveranstaltungen gibt es auf

Schloss Auel auch eine einfache Bistroküche für Wanderer und Nordic-Walking Gruppen. Denn trotz der Anlage eines großen Golfplatzes und der entsprechenden Klientel legt das Haus Wert darauf, für jede Art von Gästen offen zu sein. Seit kurzem gibt es auch spezielle Arrangements wie den „Kurzurlaub im Schloss", der insbesondere für Paare interessant sein dürfte.

▶ **INFOS**

Schloss Auel
53797 Lohmar-Wahlscheid
Tel. 0206/60030
Fax 02206/6003222
info@schlossauel.de
www.schlossauel.de

Aggerschlösschen
Schiffarther Straße 25
53797 Lohmar-Schiffarth
Tel. 02206/909929
Fax 02206/909929
www.agger-schloesschen.de

Beliebt bei Managern – das Napoleon-Zimmer auf Schloss Auel

UNHEIMLICHE WANDERUNG IN BEDBURG

Auf den Spuren des Werwolfs von Epprath

>> Die wahrscheinlich ungewöhnlichste Wanderung in NRW
>> Historisch verbürgt und landschaftlich reizvoll

Wanderrouten gibt es viele in NRW, aber nur eine folgt den historischen Spuren eines „Werwolfs". Der Werwolf-Wanderweg führt zu den Schauplätzen des Lebens von Peter Stubbe (oder Stump), der 1589 als Werwolf hingerichtet wurde. Der Rundweg macht unter anderem Station an seinem Geburtsort und führt auch zu der Hinrichtungsstätte des vermeintlichen Werwolfs. An allen Stationen sind Hinweistafeln aufgestellt, die von dem unglücklichen Leben des Mannes berichten. Für die historische Genauigkeit bürgt der „Verein für Geschichte und Heimatkunde" in Bedburg. Die Mitglieder haben Leben und Tod von Peter Stubbe studiert und auf dieser Grundlage den Werwolf-Wanderweg erarbeitet.

Das Emblem des Werwolf-Wanderweges kennzeichnet die gesamte Strecke

Landschaft schafft Legenden

Im Erftkreis gibt es viele Geschichten über Werwölfe. So soll es die „schöne Werwölfin" oder den „hungrigen Mittagswolf" gegeben haben. Der Bedburger Stadtarchivar Uwe Depcik erklärt das gehäufte Auftreten solcher Legenden mit den landschaftlichen Besonderheiten der Region. Gegenden, die besonders waldreich und damit besonders dunkel waren, gaben die ideale Kulisse für Werwolf-Märchen ab. In den damals noch sumpfigen Erft-Niederungen verunglückten zudem viele Menschen und wurden dadurch zur leichten Beute für Wölfe. Als dann die schlimm zugerichteten Leichen gefunden wurden, waren die Menschen überzeugt, dass ein Werwolf hier sein Unwesen treibt.

Sonderling Peter Stubbe

Soweit die historischen Ereignisse rekonstruiert werden konnten, hat Peter Stubbe als freier Bauer in dem winzigen Dorf Epprath gelebt. Auf

dem Hof wohnte er zusammen mit seiner Tochter und einer weiteren Anverwandten. Was ihn in den Augen seiner Nachbarn bereits verdächtig machte. Zudem wird vermutet, dass Peter Stubbe unter einer Krankheit litt, die ihn verhaltensauffällig werden ließ. Damit war das Schicksal des Mannes besiegelt. Ob es nun – wie im Fall vieler Hexenprozesse – der Neid auf seinen Besitz als freier Bauer oder sein ungewöhnlicher Lebenswandel waren – Peter Stubbe wurde als Werwolf angeklagt, verurteilt und auf besonders grausame Art zu Tode gebracht. Auch seine beiden weiblichen Verwandten wurden hingerichtet. Der Fall erregte großes Aussehen. Sogar in den Niederlanden, England und Dänemark wurde über die vermeintlichen Gräueltaten des Werwolfs berichtet. Die damalige Justiz sah es als erwiesen an, dass Peter Stubbe in Gestalt eines Werwolfes mehrere Menschen, darunter seinen eigenen Sohn, getötet hatte. Zugleich wurden ihm Vergewaltigungen, Inzest und Zauberei zur Last gelegt. Die ganze Geschichte wurde damals auf Kupferstichen dargestellt, die heute auf den Hinweistafeln entlang des Wanderweges zu sehen sind.

Der Werwolf-Wanderweg führt rund um den Kasterer See

Bild Seite 136/137:
Am Schloss Bedburg endet die Route. Das schöne Wasserschloss gilt als eines der ältesten Backsteingebäude des Rheinlandes

Das Agathator in Alt-Kaster ist Startpunkt der Wanderung

Rundweg in Form einer Acht

Ein Wolf, der den Mond anheult – das Emblem des Werwolf-Wanderweges ist passend zum Thema gewählt und kennzeichnet die gesamte Strecke. Wer den ganzen Rundweg gehen und alle sieben Stationen sehen möchte, sollte für die zehn Kilometer zwei Stunden einplanen. Man kann aber auch jeweils nur eine Hälfte der Acht gehen und die „Gerichtsrunde" drehen oder rund um den Kasterer See dem „Unwesen des Werwolfs" folgen. Alle Wege führen zu landschaftlich reizvollen Punkten des ehemaligen Tagebaugeländes. Nach dem Ende des Braunkohle-Abbaus begannen Anfang der 1980er Jahre bei Bedburg die Rekultivierungsmaßnahmen. So wurden unter anderem der Kasterer See angelegt und dichte Mischwälder gepflanzt. Die Strecke startet und endet im historischen Ortskern von Alt-Kastar, der vom Tagebau verschont blieb und ausgesprochen pittoresk ist. Hier finden Besucher urige Gasthäuser und ein ländliches Hotel. Sehenswert ist natürlich auch das Schloss Bedburg, wo der historische Prozess gegen den Werwolf von Epprath stattfand. Anstelle von Gerichtsprozessen werden heute in dem schönen Wasserschloss Hochzeiten gefeiert.

RHEINLAND

▶ **INFOS**

Stadt Bedburg
Am Rathaus 1
50181 Bedburg
Tel. 02272/402-122
Ansprechpartner: Robert Heinen
r.heinen@bedburg.de
www.bedburg.de

Hinweistafeln auf dem Werwolf-Wanderweg erzählen das Leben von Peter Stubbe

RUHRGEBIET

142 | *Die Zeche Zollverein*
Weltkulturerbe zum Anfassen

150 | *Museumsroute in Mülheim an der Ruhr*
Alte Wassertürme als moderne Museen

158 | *Ruhrort – kleiner Stadtteil mit großer Vergangenheit*
Tante Olga und der Goldene Anker

Das Aquarius Wassermuseum
in Mülheim an der Ruhr

Die Zeche Zollverein
Weltkulturerbe zum Anfassen

> » Überregional bekannte Kulturstätten
> » Führungen in Begleitung ehemaliger Bergmänner
> » Breites Freizeitangebot auf dem ehemaligen Zechengelände

Wenn außerhalb von NRW über das Ruhrgebiet gesprochen wird, ist die Rede zumeist von Kohle und Stahl. Man denkt an Bergmänner und Stahlkocher. An Städte und Industrieanlagen. Urlaub und Erholung verbinden nur die Wenigsten mit der Region. Dabei gewinnt das Ruhrgebiet im Tourismusbereich zunehmend an Bedeutung. Insbesondere die Route der Industriekultur ist ein Grund, das Ruhrgebiet einmal zu besuchen. Den Menschen, die in der Region leben, ist das Projekt des Regionalverbandes Ruhr schon lange ein Begriff. Sie wissen, was die touristische Themenstraße alles zu bieten hat. Doch bereits in anderen Gegenden NRWs ist die Route nicht annähernd so bekannt, wie sie es verdient hätte. Insgesamt gibt es auf verschiedenen Themenstraßen über 50 bedeutende Standorte, die 700 Kilometer Fahrradweg miteinander verbinden. Zu den bekanntesten zählen der Gasometer in Oberhausen und die Zeche Zollverein in Essen. Wegen ihrer historischen und architektonischen Bedeutung sind Zeche und Kokerei Zollverein von der UNESCO 2001 sogar zum Weltkulturerbe erklärt worden.

Fritz Langs Metropolis

Wer Fritz Langs berühmten Film kennt, kann sich ungefähr vorstellen, wie es auf Zollverein aussieht. Es ist eine Welt aus Stein und Stahl. Überall stehen wuchtige, quadratische Bauten, zwischen denen alte Fördergerüste und Kamine bis zu 100 Meter in die Höhe ragen. Bis 1986 haben hier noch tausende Menschen gearbeitet. Joachim Seifert war einer von ihnen. Sein ganzes Arbeitsleben hat er auf der Zeche verbracht. Anfänglich arbeitete er als einfacher Kumpel unter Tage. Aber das reichte ihm nicht. Joachim Seifert studierte Maschinenbau und kam danach zurück auf die Zeche, die er wie kein Zweiter kennt. Deshalb wurde er auch vorgeschickt, als es 1992 zur ersten Besucherführung auf der Zeche kam.

Bild Seite 143:
Zeche und Kokerei Zollverein zählen seit 2001 zum Weltkulturerbe der UNESCO

Bild Seite 144/145:
Blick ins Besucherzentrum Ruhr, der ehemaligen Kohlenwäsche der Zeche Zollverein Schacht XII

Industrielle Kulturlandschaft
Zollverein Coal Mine Industrial Complex

Die Industrielle Kulturlandschaft Zollverein ist ein einzigartiges Zeugnis großindustriell geprägter Lebens- und Arbeitszusammenhänge. Als repräsentatives Beispiel für die Entwicklung der europäischen Schwerindustrie war Zollverein über Jahrzehnte Vorbild für den modernen Industriebau. Vor allem die vom Bauhaus-Stil inspirierte Architektur begründete die Aufnahme in die Welterbeliste der UNESCO. Als Zentrum der Montanindustrie im Ruhrgebiet bildete Zollverein den Mittelpunkt für viele tausend Bergarbeiter und ihre Familien.

The Zollverein Coal Mine Industrial Complex is widely regarded as one of the most important industrial cultural monuments in Europe. Its complex of buildings is an outstanding example of modernist architectural design styles applied to a wholly industrial context. Zollverein was a major

Von Gesteinshauern und Daumentötern

Auf dem Ehrenhof standen damals hunderte Radfahrer; Joachim Seifert bekam ein Megafon in die Hand gedrückt und offensichtlich war das, was er ihnen aus dem Stehgreif erzählte so unterhaltsam, dass danach regelmäßig Gruppen kamen, um von ihm geführt zu werden. Selbst heute mit 76 Jahren begleitet Joachim Seifert immer noch gelegentlich Führungen und vermittelt das reiche Wissen seines langen Arbeitslebens. Gesteinshauer, blinde Schächte, Daumentöter – viele Menschen haben keine Vorstellung davon, was Bergbau tatsächlich bedeutet. Nach den Führungen in Begleitung ehemaliger Bergmänner sieht das anders aus. So plastisch und Anekdotenreich verlaufen die Rundgänge über den Denkmalpfad der Kohleförderung.

Naturort: Auf dem Gelände der Zeche und Kokerei Zollverein sind mittlerweile wieder über 300 Pflanzen und 60 Pflanzengesellschaften heimisch

Freizeit auf der Zeche

Bis hinunter in die Koksöfen und hinauf zu den Schornsteinen fährt das „Sonnenrad" – ein mit Solarzellen betriebenes Riesenrad. Das Design-Zentrum Nordrhein-Westfalen und das zum Kulturhauptstadtjahr 2010 eröffnete Ruhr Museum sind überregional bekannte Kulturstätten. Im Sommer kann man inmitten der Stahlwelt baden und im Winter Schlittschuh fahren – eine ungewöhnlichere Kulisse für diese Vergnügen findet man vermutlich nirgendwo sonst in Deutschland. Denn üblicherweise wurden die als „hässlich" empfundenen Arbeitsstätten abgerissen, nachdem sie ihre Zwecke erfüllt hatten. Dass Zollverein dieses Schicksal erspart blieb, wird jeder begrüßen, der einmal hier war. Die 1928–1932 von den damals führenden Industriearchitekten Fritz Schupp und Martin Kremmer im Bau-

haus-Stil errichtete Anlage ist so imposant, dass sie vielen sogar als schönste Zeche der Welt gilt. Davon kann man sich auch bei einem Spaziergang durch den Zollverein Park überzeugen. Wo früher überflüssiges Gestein gelagert wurde, hat sich heute die Natur breit gemacht. Tiere und Pflanzen haben ihren Lebensraum zurückerobert und teilen ihn mit Spaziergängern, Joggern und Fahrradfahrern.

Wie alte Industriegelände nach und nach mit neuem Leben erfüllt werden, kann man überall im Ruhrgebiet beobachten. Aufgrund ihrer ungewöhnlichen Architektur sind sie einfach die perfekte Kulisse für Restaurants, Konzertsäle und Museen.

▶ **INFOS**

**Besucherzentrum
der Stiftung Zollverein**
Gelsenkirchener Straße 181
45309 Essen
Hotline:0201/246810
info@zollverein.de
www.zollverein.de

Bild oben:
Spektakuläres Portal für einen
außergewöhnlichen Kulturort:
die zum Ruhr Museum führende
Rolltreppe

Bild Seite 148 unten:
Sommerspaß: Baden auf
Zollverein im Werksschwimmbad
vor einmaliger Kulisse

Bild Seite 149 unten:
Wintervergnügen: Die Eisbahn
auf der Kokerei Zollverein ist 150
Meter lang

Museumsroute in Mülheim an der Ruhr
Alte Wassertürme als moderne Museen

>> Ungewöhnliche Museumsroute
>> Mehrfach ausgezeichnetes interaktives Wassermuseum
>> Größte begehbare Camera Obscura der Welt
>> Museen in Denkmalgeschützten alten Wassertürmen

Die Museumsroute in Mülheim an der Ruhr kann gleich mit mehreren höchst ungewöhnlichen Museen aufwarten. Beim Aquarius Wassermuseum und dem Museum zur Vorgeschichte des Films sind zudem nicht nur die Ausstellungen einen Besuch wert, sondern auch die Gebäude selbst. Beide Museen befinden sich nämlich in alten Wassertürmen und sind damit weitere Beispiele für die gelungene Nutzung historischer Industrieanlagen im Ruhrgebiet.

Mehrfach ausgezeichnetes interaktives Wassermuseum
Dass Museumsbesuche alles andere als langweilig sind, beweist das Aquarius Wassermuseum in Mülheim an der Ruhr. Genauso ungewöhnlich wie das Museum selbst ist das Gebäude, in dem es untergebracht ist. Ein imposanter, backsteinfarbenen Wasserturm – erbaut 1892. Neunzig Jahre lang versorgte er das Umland mit Wasser. Seit 1992 beherbergt er auf 14 Ebenen das weltweite Wissen in Sachen Wasser. In 30 Stationen wird das flüssige Element in allen Facetten multimedial vorgestellt.

Ein gläserner Aufzug führt zur Spitze des alten Turmes. Unterwegs sieht man auf Dutzenden Bildschirmen Wasser in jeder nur erdenklichen Form: als Regen, Schnee, Eis und Tau. Dazu ertönen Fontänen, Wasserfälle und Meeresrauschen. Manchmal weiß man gar nicht, wo man zuerst hinhören oder hinsehen soll. Künstler, Museumspädagogen und Wasserspezialisten haben gemeinsam an diesem sinnlichen Erlebnis gearbeitet, um den Besuchern die Bedeutung von Wasser näher zu bringen. Anfassen ist dabei ausdrücklich erwünscht. Im Aquarius stehen keine Objekte hinter dicken Glasscheiben, sondern alles liegt zum Greifen parat. In Form eines Quiz kann man das erworbene Wissen dann auch gleich testen oder spielerisch

Bild Seite 151:
Besuchermagnet – das Aquarius Wassermuseum in Mülheim an der Ruhr

Bilder Seite 152/153:
Im Inneren des Aquarius Wassermuseums. Blick in die Ebene 3 „Aquasphäre" mit dem gläsernen Lift.

Im Museum zur Vorgeschichte des Films gibt es viel zu entdecken

Wasserwerke und Talsperren steuern. Wer sich dabei gut schlägt, wird am Ende des Besuchs mit einer Urkunde geehrt. Und nicht nur Kinder sind darauf stolz. Der Eintritt kostet für Erwachsene vier und für Kinder drei Euro.

Museum zur Vorgeschichte des Films

Alte Guckkästen, Daumenkino und Schattenspiele – die Sammlung im Museum zur Vorgeschichte des Films ist nicht nur für Filmfreunde interessant. Denn das, was sich die Menschen in früheren Jahrhunderten einfallen ließen, um ihre Welt abzubilden, ist schlicht faszinierend. Dutzende dieser optischen Spielereien finden sich in der Ausstellung. Sie stammen aus den verschiedensten Jahrhunderten und unterschiedlichsten Ländern – zusammengetragen wurden sie über Jahre von einem Wuppertaler Privatsammler. Bei Führungen in dem alten Wasserturm erfahren Besucher dann beispielsweise, dass Guckkästen im 18. Jahrhundert als eine Art „Tagesschau" funktionierten. Guckkastenmänner zogen mit ihnen von Jahrmarkt zu Jahrmarkt und zeigten im Inneren der Kästen dreidimensi-

Guckkästen, Daumenkino und Schattenspiele – die Sammlung im Museum zeigt ganz ungewöhnliche Objekte

onale Darstellungen der wichtigsten tagespolitischen und gesellschaftlichen Ereignisse. Mit Hilfe von Kerzen konnten sogar unterschiedliche Stimmungen und Tageszeiten simuliert werden. So spannend die skurrilen Objekte auf den ersten drei Ausstellungsebenen des Turmes sind – das Highlight erwartet Besucher auf der vierten und obersten Ebene.

▶ **Extra-Tipp**

In der Kuppel des historischen Wasserturms kann mittlerweile auch geheiratet werden. Rund um die Camera Obscura finden Hochzeitsgesellschaften bis zu 35 Personen Platz. Das Hochzeitsarrangement an dem ungewöhnlichen Ort kostet inklusive Blumenschmuck und Dekoration 125,- Euro.

Größte begehbare Camera Obscura der Welt

Den Gasometer in Oberhausen, Flugzeuge im Anflug auf Düsseldorf und die Nachbarn auf dem Balkon – all das kann man in der Camera Obscura erkennen, die unmittelbar unter dem Dach des alten Wasserturms montiert ist. Je näher die Dinge sind, desto größer erscheinen sie. Und bei guter Sicht wirkt alles so realistisch, dass man fast versucht ist danach zu greifen. Entsprechend begeistert sind die Menschen, die in einem vollkommen abgedunkelten Raum um den großen Projektionstisch der Camera Obscura herumstehen. Dass die größte begehbare Kamera dieser Art heute in Mülheim steht, verdankt die Stadt Prof. Werner Nekes. Der leer stehende Broicher Wasserturm erschien dem Mülheimer Filmemacher als geeigneter Ort für die ungewöhnliche Kamera. Anlässlich der Landesgartenschau, die 1992 in Mühleim stattfand, wurde die Camera Obscura dann mit Hilfe der Firma Zeiss realisiert. Sie entwickelte sich schnell zum Publikumsmagneten. Doch mit dem Ende der Gartenschau kamen immer weniger Menschen auf das Gelände. Okkultismus-Anhänger entdeckten das Gebäude und begannen hier schwarze Messen zu feiern. Der denkmalgeschützte Turm drohte zu verfallen. Durch die Entscheidung, passend zur Camera Obscura im Turm ein Museum zur Vorgeschichte des Films zu eröffnen, konnte der Ort letztlich für die Öffentlichkeit bewahrt werden. Heute ist in der untersten Etage auch ein kleines Café untergebracht.

▶ **INFOS**

Aquarius Wassermuseum
Burgstraße 70
45476 Mülheim an der Ruhr
Tel. 0208/4433-390
Fax 0208/4433-391
aquarius@rww.de
www.aquarius-wassermuseum.de

Museum zur Vorgeschichte des Films
Am Schloss Broich 42
45479 Mülheim a.d. Ruhr
Tel. 0208/3022605
Fax 0208/3022607
info@camera-obscura-muelheim.de
www.camera-obscura-muelheim.de

Oben Camera Obscura, in der Mitte Museum und unten Café – der Broicher Wasserturm

RUHRORT – KLEINER STADTTEIL
MIT GROSSER VERGANGENHEIT
Tante Olga und der Goldene Anker

> ❯❯ Spaziergang über die frühere „Reeperbahn des Ruhrgebietes"
> ❯❯ Museumsdampfer auf der Ruhr
> ❯❯ Erlebniskochkurse in der alten Schifferbörse

Große Frachtkähne lassen kleine Wellen ans Ufer schwappen; Möwen krächzen und das Sonnenlicht spiegelt sich tausendfach auf dem Wasser. Wer sich in Duisburg aufhält, weiß schnell, warum die Stadt als „Wasserwelt" gilt. Es gibt wohl keine zweite Stadt in NRW, in der so viele Aktivitäten am und auf dem Wasser möglich sind. Besonders schön ist ein Besuch in dem kleinen Stadtteil Ruhrort – und das nicht nur wegen seiner bewegten Vergangenheit oder weil Schimanski hier in den 1980er Jahren quotenträchtig auf Verbrecherjagd ging.

Tante Olga und der Goldene Anker
Spaziergänger schlendern gemächlich am Wasser entlang; Kinder laufen unter lautem Rufen zu den alten Museumsdampfern und Ausflügler sitzen müßig in der Sonne. Wer heute die Hafenpromenade von Ruhrort besucht, kann sich nur schwer vorstellen, dass es hier einmal ein ausgesprochen betriebsames Leben gab – bei Tag und bei Nacht. Tante Olga und der Goldene Anker waren die bekanntesten Establishments in dem historischen Hafen. Damals war der Rhein schwarz von Binnenschiffen und wenn die Matrosen vor Anker gingen, suchten sie in Ruhrort, wie überall sonst auf der Welt ihr Vergnügen. Der Rotlichtbezirk soll damals so legendär gewesen sein, dass er vielen als zweite Reeperbahn galt. Aber auch Wohnhäuser der Seemänner und Schulen für ihre Kinder gab es in dem Viertel. Von den historischen Gebäuden stehen heute nur noch wenige. Was Kriege und Brände überlebte, fiel den „Stadtverschönerungen" der 1970er Jahre zum Opfer. Wer etwas weiter in den Ortskern hineingeht, wird sie in einigen Straßen aber doch noch entdecken – die schmücken, kleinen Häuser der Seefahrerfamilien. Das beliebteste Ausflugslokal in

Plankenboden, aufgespannte Segeltücher und Schiffsmodelle schaffen in der Schifferbörse eine maritime Atmosphäre

▶ **Extra-Tipp**

Für Wassersportfreunde lohnt sich auch ein Abstecher in den Süden der Stadt. In Duisburg-Wedau liegt ein großer Sport- und Regattapark, der für internationale Events regelmäßig genutzt wird, aber auch für Freizeitsportler jede Menge Möglichkeiten bietet. Ganz neu sind die umweltverträglichen Trimm-Dich-Pfade, die parallel zum Kanal erbaut wurden. Mit den piefigen Einrichtungen der 1970er Jahre haben die modernen und spannenden Sport-Stationen allerdings wenig gemein. Mutige können sich im Hochseilgarten von Baum zu Baum oder auch über das Wasser schwingen. Kinder finden hier einen Wasserspielplatz und weniger mutige Erwachsene beispielsweise den Pfad der Sinne, wo man auf unterschiedliche Weise körperliche Erfahrungen rund ums Thema Wasser machen kann. Ein wenig weiter liegt die sechs Seen-Platte von Duisburg, wo es sich einfach wunderbar schwimmen und relaxen lässt.

Das im Ruhrorter Hafen liegende Museumsschiff Oscar Huber stammt aus dem Jahr 1921

Ruhrort – die alte Schifferbörse – muss man hingegen nicht lange suchen. Es liegt unmittelbar an der Promenade und große, goldene Letter verweisen auf die historische Bedeutung des Gebäudes.

Beliebtes Ausfluglokal an der Hafenpromenade

1901, zur Eröffnung der historischen Schifferbörse, war Kaiser Wilhelm II. hier zu Gast. Und 100 Jahre später ließ Johannes Rau es sich nicht nehmen zur Jubiläums-Feier zu erscheinen. Die prominenten Besucher zeigen, welche große Bedeutung das Haus für die Region hat. Im 19. Jahrhundert war Ruhrort noch selbstständig und eine der reichsten Städte Deutschlands. Großreeder wie Thyssen und Haniel hatten sich hier niedergelassen und brauchten einen zentralen Ort für den Handel, der bisher bei Wind und Wetter auf den Straßen stattgefunden hatte. Mit der Schifferbörse bekamen die Händler erstmals ein Dach über dem Kopf. Bedeutende Reedereien, aber auch Einzelschiffer kamen von nun an hier hin, um ihre Waren umzuschlagen. Allen voran wurde damals Kohle gehandelt; aber auch Erz und Getreide. Nachdem das Gebäude im zweiten Weltkrieg beschädigt und wenig später durch einen Brand endgültig zerstört wurde, bauten die Duisburger es Anfang der 1950er Jahre wieder auf. Zwischenzeitlich diente es als Bürogebäude und Musikschule; stand dann einige Zeit leer, bis die historische Schifferbörse zum Restaurant wurde – ein

Schiffsplankenboden, aufgespannte Segeltücher und große Modelle alter Schiffe schaffen im Restaurant eine maritime Atmosphäre. Heute leitet der Gastronom Oliver Ulrichs das Restaurant in dem historischen Gebäude.

Kulinarische Genüsse in der alten Schifferbörse

Passend zur Lage und Einrichtung dominieren in der Küche der Schifferbörse Fisch und Meeresfrüchte. Neben Edelfischfilets und Jacobsmuscheln finden sich aber auch deftige Matjesgerichte oder der „Ruhrorter Binnenhafen Labskaus" auf der Speisekarte. Ausflügler und Radfahrer können diese günstigen Gerichte bei einem Pils auf der Terrasse der Schifferbörse genießen, während ihnen der Wind um die Ohren weht und die Schiffe unmittelbar vor dem Restaurant vorbeifahren.

▶ **INFOS**

Schifferbörse Ruhrort
Gustav-Sander-Platz 1
47119 Duisburg-Ruhrort
Tel. + Fax 0203/726309
www.schifferboerse.info

Attraktiv für Besucher: der historische Duisburger Hafenstadtteil Ruhrort

SAUERLAND

164 | *Historische Kutschfahrten durchs Hochsauerland*
Von Butter-Bettken und Bischof Aufderbeck

168 | *TÜV geprüfter Kinderurlaub*
OK für Kids

174 | *Führung durch die historische Gerichtsstadt Arnsberg*
Hexen, Henker und ein Halsgericht

178 | *Urlaub im Benediktinerkloster*
Innere Einkehr

184 | *„Gruben-Light-Dinner" in Ramsbeck*
Drei-Gang-Menü in 300 Meter Tiefe

188 | *Weihnachtsbaum selber schlagen*
Die Adventspauschale

Winterliche Kutschfahrt im Sauerland

HISTORISCHE KUTSCHFAHRTEN
DURCHS HOCHSAUERLAND
Von Butter-Bettken und Bischof Aufderbeck

>> Kutschfahrten mit hohem Unterhaltungswert
>> Abseits der bekannten Touristenpfade
>> Wenig bekannte Geschichten und Histörchen aus der Region

Das Sauerland ist die bekannteste Ferienregion in NRW. Die Wintersportgebiete und Wanderwege rund um den Kahlen Asten sind den meisten Menschen bekannt. Weniger bekannt sind die alten Sagen und Geschichten aus der Region und die Unikate, die diese zu erzählen wissen.

Anekdoten vom Kutschbock
Versteckt zwischen verschneiten Hügeln liegt das kleine Örtchen Hellefeld. Eigentlich ist das Örtchen nicht weiter erwähnenswert. Es gibt hier ein paar hübsche Fachwerkhäuser, zwei Gasthöfe und eine alte Kirche –

Hansi Mette an seinem Arbeitsplatz

Anfahrt auf das kleine Örtchen Hellefeld

das ist alles. Fast alles, denn so klein Hellefeld ist, so viele interessante Geschichten ranken sich um den Ort. Und am schönsten erzählt sie Hansi Mette. Hoch oben auf seinem Kutschbock fährt er Urlauber durch Hellefeld und unterhält sie mit allerlei Anekdoten. Einige sind wahr, andere nicht. Die Geschichte von Bischof Hugo Aufderbeck, der in Hellefeld geboren wurde, ist historisch verbürgt. Hugo Aufderbeck war ein bedeutender Kirchenmann und wird von vielen Katholiken sehr verehrt. Einer seiner größten Bewunderer ist der Kölner Kardinal Meissner. Angeblich trägt der Kardinal jedes Jahr in seinen Kalender als ersten Termin den Besuch in Hellefeld ein, wo er zum Sterbetag des Bischofs eine Gedenkmesse liest. Zur Kirche ist er jahrelang hoch zu Ross gefahren – immer kutschiert von Hansi Mette.

Zum Gedenken an die Söhne und Töchter Hellefelds

Zum Gedenken an den Bischof ist auch eine Straße in Hellefeld nach seinem Bischofssitz „Erfurter Straße" benannt worden. Hellefeld hat aber nicht nur berühmte Männer hervorgebracht. Fast so berühmt wie der Bischof ist Butter-Bettken – mit bürgerlichem Namen Gertrud Becker. 50 Jahre lang hat sie Eier, Butter und Wurstwaren aus dem bäuerlichen Hellefeld ins benachbarte Arnsberg gebracht. Scherzhaft behaupten die Hellefelder, dass ihre Butter-Bettken die Beamten in der Gerichtsstadt

Arnsberg am Leben erhalten hat. Tatsache ist, dass die tatkräftige Frau mit ihrem voll gepackten Rucksack in ihrem Leben so viele Kilometer zurückgelegt hat, dass sie auch locker um die Erde hätte laufen können. Heute erinnert ein hölzernes Denkmal in Hellefeld an Butter-Bettken.

Vom Alten Testament und den Sauerländer Hangkühen

Die beiden ersteren Geschichten darf man getrost glauben. Hoch oben auf dem Kutschbock erzählt Hansi Mett seinen Gästen aber auch Dinge, die zwar gleichermaßen unterhaltsam, allerdings nicht ganz so glaubwürdig sind. So wird die alte Kirche von Hellefeld schon mal als „Altes Testament" bezeichnet, weil sie bereits vor Christi Geburt im Sauerland gestanden hätte. Einige leicht beschwipste Besucher haben das Märchen offenbar sogar schon

für bare Münz genommen. Kinder haben stets ihre Freude an den „Sauerländer Hangkühen". Hansi Mette erklärt ihnen nämlich, dass es im Sauerland wegen der vielen Berge ganz bestimmte Kühe gäbe. Damit sie am Hang nicht umfallen, hätten die Tiere unterschiedlich lange Beine. Allerdings ist bisher noch kein Kind wirklich auf die Geschichte hereingefallen. Anders sieht es da bei den Erwachsenen und den nicht schwindelfreien holländischen Export-Kühen aus. Ein paar Urlauber fanden die Anekdote der Flachlandkühe, die in den Bergen vom Schwindel geplagt werden so glaubhaft, dass sie sie im Hotel gleich weitererzählt haben.

▶ **INFOS**

Hansi Mette
Erfurter Straße 4
59846 Sundern
Tel. 02934/1289
Mobil 0171/8345113

Lange werden die Kutscher nicht auf Fahrgäste warten müssen – Kutschfahrten zählen im Sauerland mittlerweile zu den beliebtesten Angeboten für Urlauber

TÜV GEPRÜFTER KINDERURLAUB
OK für Kids

> ❯❯ Das erste TÜV geprüfte Kinderhotel in NRW
> ❯❯ 42 Stunden Kinderbetreuung pro Woche
> ❯❯ Streichelzoo und tägliche Ponyritte für die Kinder
> ❯❯ Urlaub unter Gleichgesinnten

Urlaub mit Kindern ist ein Thema für sich. Denn kindgerechte Hotels und Einrichtungen haben Seltenheitswert. „OK für Kids" heißt deshalb das Gütesiegel mit dem der Deutsche Kinderschutzbund und der TÜV Nord besonders kinderfreundliche Hotels auszeichnen. Als erstes Hotel in NRW hat der Ebbinghof bereits 2005 die begehrte Auszeichnung erhalten. In den letzten anderthalb Jahren konnten sich dann drei weitere Betriebe im Sauerland über die Anerkennung der beiden Institutionen freuen.

Idyllische Lage in einem kleinen Tal – der abgeschiedene Bauernhof ist heute zu einem beliebten Hotel geworden

Im Familotel Ebbinghof stehen die Kinder im Mittelpunkt

100 Prozent für die Kinderbetreuung

Bereits bei der Anfahrt erleben Urlauber das Sauerland von seiner schönsten Seite. Wie Wellen durchziehen Hügel die Landschaft. Vereinzelte Bäume trotzen den Winden und Kühe grasen friedlich auf den Weiden. Die Fahrt endet in einem kleinen Tal. Hier gibt es gerade einmal fünf Bauernhöfe – einer davon ist das Familotel Ebbinghof. Um das Prüfsiegel zu erhalten, mussten auf dem Bauernhof im Vorfeld viele mögliche Gefahrenquellen, wie Stolperfallen auf unebenen Böden oder herumliegende Werkzeuge beseitigt werden. Was den Sauerländern aber offenbar gelungen ist, denn die Prüfer hatten nichts zu beanstanden. Mit 93 Prozent erzielte die Eigentümerfamilie Tigges ein sehr respektables Gesamtergebnis. Für den Unterpunkt Kinderbetreuung gab es sogar die Höchstnote. Denn auf dem Hof sorgen ausgebildete Erzieherinnen für kindgerechte Unterhaltung – jeden Tag zwischen 8 Uhr morgens und 20 Uhr abends. Und das offenbar zur Zufriedenheit der kleinen Urlauber, denn viele von ihnen kommen jedes Jahr wieder.

Der Bauernhof als Babyhotel

Auf dem Ebbinghof wird auch eine Baby-Betreuung angeboten. Kinder zwischen null und einem Jahr werden an 85 Stunden die Woche von staat-

lich geprüften Erzieherinnen versorgt. Eine Babylounge sorgt für kindliche Bequemlichkeit und es sind auch spezielle Angebote für Singles mit Kind entwickelt worden. So gibt es „Mutter-Reiten", während der Baby-Betreuungsstunden. Und gerade Alleinreisende werden sich auch über den gut ausgestatteten Verleih im Hotel freuen – anstatt Kinderwagen, Rückentrage und Baby-Badewanne selbst mitzuschleppen, können sich Mütter und natürlich auch Väter alles vor Ort leihen.

Matsch-Spielplatz und Schöpf-Brunnen

Für derlei praktische Erwägungen interessieren sich Kinder naturgegeben wenig. Bei ihnen sind die Gokart-Bahn und der Matsch-Spielplatz ausschlaggebende Gründe für den Besuch. Der Matsch entsteht durch einen kleinen Schöpf-Brunnen, den die Kinder nach Herzenslust auf dem Spielplatz benutzen können. Daneben stehen eine Riesenrutsche und ein hölzernes Flugzeug. Neben dem Spielplatz liegen ein Streichel-

Bild Seite 170:
Tägliche Ausritte für die Kinder sind im Preis inklusive

Beim Dreschen treffen sich die Generationen dann wieder

SAUERLAND

▶ INFOS

Familotel Ebbinghof
Ebbinghof 5
57392 Schmallenberg
Tel. 02972/9755-0
Fax 02972/9755-13
info@familotel-ebbinghof.de
www.familotel-ebbinghof.de

Weitere kinderfreundliche Hotels in NRW
www.familotel.de

Weitere Infos zum Gütesiegel von TÜV Nord & Kinderschutzbund
www.okfuerkids.de

zoo mit Dutzenden Bewohnern und der hofeigene Ponyhof. Tägliche Ponytouren sind im Preis inklusive. Denn gut gelaunte Kinder sind nun einmal die Grundvoraussetzung damit auch deren Eltern sich erholen können. Zur elterlichen Erholung trägt auch die ungezwungene Atmosphäre bei den Mahlzeiten bei. In normalen Hotels sind Mütter und Väter stets in Alarmbereitschaft; fürchten den nächsten Zwischenfall. Anderes im KinderhoTel. Hier ist jede Familie mindestens mit einem Kind da und hat großes Verständnis dafür, wenn mal die Nudeln oder sogar die Teller fliegen. Unter Gleichgesinnten entstehen schnell Freundschaften – das trifft auf die Kinder genauso zu wie auf die Erwachsenen. Und bei dem Konzept bleibt Letztern auch Zeit für das eigene Vergnügen: Für Spaziergänge im angrenzenden Wald, Lesen auf der großen Terrasse oder für Saunabesuche im Wellness-Bereich des Hotels.

Nächtliches Lagerfeuer und Mittagessen ganz ohne die Eltern – kindgerechte Unterhaltung findet auf dem Ebbinghof rund um die Uhr statt

Führung durch die historische Gerichtsstadt Arnsberg

Hexen, Henker und ein Halsgericht

> 〉〉 Unterwegs in der ehemaligen Hauptstadt des Herzogtums Westfalen
> 〉〉 Gerichtsstadt von großer historischer Bedeutung
> 〉〉 Führungen zum Thema „Hexen, Henker und das Halsgericht"
> 〉〉 Moderne Henkersmahlzeit im Anschluss an die Führungen

Arnsberg war – und ist – eine wichtige Gerichtsstadt, in der sich aus heutiger Sicht unvorstellbare Dinge zugetragen haben. Aus der spannenden Geschichte der Region haben die Arnsberger jetzt interessante touristische Angebote geschaffen – eines davon sind geschichtliche Führungen auf den Spuren von Hexen und Henkern.

Alte Hauptstadt des Herzogtums Westfalen

Bis zum Zerfall des westfälischen Staatsgefüges 1803 war Arnsberg die Hauptstadt des Herzogtums Westfalens. Im Mittelalter und in der frühen Neuzeit hat es im Herrschaftsbereich der Herzöge über 1000 Hexenprozesse gegeben und 80 Prozent davon sind tödlich ausgegangen. Als Hauptstadt kam Arnsberg dabei eine besondere Rolle zu, denn hier hatten die gefürchteten Hexenrichter ihren Dienstsitz. Sie residierten in einem der schönsten Altstadt-Häuser, das auch heute noch am Marktplatz von Arnsberg steht.

Blutige und unblutige Strafen

Hexenrichter waren gleichermaßen mächtige wie gefürchtete Menschen, denn statt zuhause zu sitzen und darauf zu warten, dass Denunzianten kommen, haben sie sich selbst auf die Suche nach Hexen und Zauberern gemacht. Daher lebten die Menschen in ständiger Angst vor ihnen. Den größten Schrecken verbreitete der berüchtigte Hexenrichter Heinrich von Schultheiß, der Anfang des 17. Jahrhunderts in Arnsberg lebte. Sein mitleidsloses Handeln ist stets Gegenstand der Arnsberger Stadtrundgänge, die zu den Plätzen der historischen Gerichtsbarkeit führen. Dabei erfährt man, dass früher zwischen blutigen und nichtblutigen Strafen unterschieden wurde. Ein unblutiges Strafinstrument, die sogenannte Halsgeige – damals zur Bestrafung von „zänkischen Weibern" verwandt – kommt heute bei den Führungen wieder zum Einsatz. Einer der Teilnehmer darf es zur Erheiterung der übrigen für kurze Zeit Probe tragen. Dabei werden Hals und Hände so in einem Holzbrett eingesperrt, dass den Delinquenten keine Bewegungsfreiheit mehr bleibt.

Die Halsgeige war früher ein Strafinstrument für „zänkische Weiber"

Drehen bis zur Übelkeit

Noch übler traf es diejenigen, die zum Trillerhäuschen verurteilt wurden. Das Trillerhäuschen ist ein drehbarer Käfig, in den man manchmal für Tage gesperrt wurde. Jeder Vorübergehende konnte das Häuschen so lange drehen, bis die Eingesperrten sich übergeben mussten. Doch eigentlich konnte sich glücklich schätzen, wer zu Halsgeige oder Trillerhäuschen verurteilt wurde, denn viele Menschen mussten selbst für kleinere Verbrechen mit ihrem Leben bezahlen. Daran erinnert die Hen-

kersmahlzeit, die es am Ende der Führung gibt. 1435 soll in Deutschland die erste Mahlzeit dieser Art serviert worden sein. Doch wer glaubt, dass das eine mildtätige Tat für den zum Tode verurteilten gewesen ist, irrt. Primär wollten Richter und Henker sich mit dieser „Nettigkeit" gegen den „bösen Blick" des Hinzurichtenden schützen. Das üppige Essen sollte ihn gnädig stimmen, dass er sie nicht etwa verflucht.

Arnsberger Henkersmahlzeit

Die Arnsberger Henkersmahlzeit wird heute freilich ohne das ursprüngliche Anschlussprogramm serviert. Ein kleines bisschen morbid ist sie aber dennoch. Denn in ihrer Form erinnert die kleine Blätterteigpasstete an eine Hinrichtungsart, die früher in Arnsberg praktiziert wurde – das Rad. Auf die Idee kam Henning Fette. Der begeisterte Geschichtsfreund leitet selbst Führungen und hielt den kleinen Service für einen gelungenen Abschluss des Programms. 8,50 Euro kosten die Führungen. Schnaps und Henkersmahlzeit sind in Arnsberg inklusive.

Heute finden Besucher es amüsant, für wenige Minuten ins Trillerhäuschen gesperrt zu werden –, im Mittelalter war das allerdings alles andere als ein Vergnügen

▶ **INFOS**

Verkehrsverein Arnsberg e.V.
Neumarkt 6
59821 Arnsberg
Tel. 02931/4055
Fax 02931/12331
info@anrsberg-info.de
www.arnsberg-info.de

Urlaub im Benediktinerkloster
Innere Einkehr

> ❯❯ Klosterurlaub im Sauerland
> ❯❯ Ungewöhnliches Designhotel auf dem Gelände des Klosters
> ❯❯ Gastfreundliche Benediktiner
> ❯❯ Gespräche, Begegnungen und die gute Klosterküche

Alltagsstress und Überforderung lassen die Menschen auf Suche gehen. Für einige ist es die Suche nach dem besten Strand und der tiefsten Bräune. Andere verwenden ihre Urlaubswochen dafür, sich mehr mit ihrem Innenleben zu befassen. Spiritualität ist wieder zu einem wichtigen Thema in unserer Gesellschaft geworden – die Richtung, die dabei eingeschlagen wird, ist allerdings sehr unterschiedlich. Wer auf der Suche nach Stille und festen Strukturen ist, findet diese in katholischen Klöstern.

Die Abtei Königsmünster in Meschede

In der Abtei Königsmünster gibt es für Gäste verschiedene Möglichkeiten. Männer können in dem Sauerländer Benediktinerkloster zum „Mönch auf Zeit" werden und mit den Ordensbrüdern in Klausur leben. Da die Abtei Königmünster aber auch für Frauen von Interesse ist, haben die Mönche noch weitere Unterkünfte geschaffen. Einmal die Oase, die ursprünglich für junge Menschen gedacht war, mittlerweile aber von allen Generationen genutzt wird, und dann 2001 das „Haus der Stille". Es ist ein architektonisch beeindruckendes Gebäude aus Beton, langen Gängen und gelenkten Lichteinfällen. Klösterlich karg, aber schick wie ein Design-Hotel. Überall gibt es bodentiefe Fenster. Sie geben den Blick frei auf die umliegenden Gärten, Wiesen und Berge des Sauerlandes.

Das Haus der Stille

Die ungewöhnliche Architektur wurde von den Mönchen ganz bewusst gewählt: Die Kargheit inspiriert die Gedanken; zugleich beflügeln das viele Licht und die Ausblicke die Fantasie. Einige Gäste sind auch schon dabei beobachtet worden, wie sie den glatten Beton streicheln. Denn je nach Lichteinfall wirkt er wie reiner Marmor. Das architektonische Meisterstück sind die großen Fenster – durch ihre Rahmen wird die umgebende Natur zu regelrechten Gemälden. Im Haus der Stille ist ein ruhiger, rücksichts-

Bild Seite 179:
Entspannung pur – der malerische Ausblick aus den Gästezimmern im Haus der Stille

Fahrradfahrer und Wanderer kehren regelmäßig im Kloster ein. Mit Vorliebe samstags, wenn es selbstgemachte Eintöpfe gibt

voller Umgang zwar erwünscht, aber niemand muss deswegen den ganzen Tag schweigen. Im Gegenteil. Einige Gäste schätzen insbesondere die Gesprächskreise, die im Kloster angeboten werden. Bei den Benediktinern gibt es eine lange Tradition der Gastlichkeit. Bereits ihre Ordensregel legt fest, dass sie jeden Fremden so aufnehmen sollen, wie sie Christus selbst in ihrem Haus willkommen geheißen hätten.

Vielfältige Motive
Vielfach kommen Menschen nach Meschede, die eine besondere Phase in ihrem Leben durchmachen; die vor privaten oder beruflichen Verände-

SAUERLAND

Idyllische Lage im Hochsauerland - die Abtei Königsmünster. Das kleine „Haus der Stille"
liegt im Schatten der großen Backsteinkirche.

▶ EXTRA-TIPP

Bei einem Klosterurlaub ist es noch wichtiger als bei anderen Reisen sich vorher genau zu überlegen, was man sich von dem Aufenthalt verspricht. Gut informierte Gäste können in Meschede eine besondere Zeit verleben. Im Zweifelsfall beraten die Patres auch telefonisch, welche der Unterkunftsmöglichkeiten sich bei den jeweiligen Interessen anbietet. Im Haus der Stille gibt es 20 Einzelzimmer. Der Preis für eine Übernachtung inklusive Vollpension liegt bei rund 61,- Euro.

rungen stehen. Einige möchten einfach nur abschalten und die klösterliche Ruhe genießen; anderen hat es die Umgebung und die gute Küche des Klosters angetan – die Motive der Gäste sind so vielfältig wie die Menschen selbst. Allen gemeinsam ist, dass sie die besondere Atmosphäre des Ortes schätzen: die Möglichkeit zu schweigen, aber auch zum Gespräch – mit den Ordensbrüdern und den anderen Gästen.

Geschäftige Gottesmänner

Heute leben rund 60 Mönche im Konvent. Die meisten von ihnen sind zwischen Mitte und Ende 40 und damit ist das Benediktinerkloster eines der „jüngsten" in ganz Deutschland. Zur Abtei Königsmünster gehört neben der Kirche, dem Konvent und den Gästehäusern auch noch eine Schule, an der die Benediktiner unterrichten. Ora et labora – bete und arbeite – ist die berühmte Klosterregel des Benediktinerordens. Und so sieht man die Männer in ihren langen schwarzen Kutten nie untätig. Viele Nahrungsmittel werden auch heute noch von den Mönchen selbst hergestellt. So gibt es eine Käserei im Kloster und auch eine Bäckerei. Die Äpfel aus dem eigenen Obstgarten werden jeden Herbst gepresst und jeden Samstag serviert das Kloster selbst gemachte Eintöpfe für Wanderer und Fahrradfahrer. Alles, was das Kloster selbst herstellt, ist ausgesprochen schmackhaft. Zu kaufen gibt es die Produkte in einem kleinen Laden auf dem Gelände. Vieles davon stammt aus biologischem Anbau und der Kaffee ist natürlich fair gehandelt.

▶ Infos

Abtei Königsmünster
Klosterberg 11
59872 Meschede
Tel. 0291/2995242
abtei@koenigsmuenster.de
www.koenigsmuenster.de

Das neue Gästehaus
www.hausderstille.info

Eine Übersicht über deutsche Klöster und ihre Angebote findet man im Internet unter www.orden.de

Literaturtipps
Hanspeter Oschwald
Der Klosterurlaubsführer
Herder Verlag, 2003,
€ 9,90
ISBN: 3-45105-386-1

Miriam Kauko
Urlaub im Kloster
Merian Reiseführer, 2007
€ 12,90
ISBN: 3-8342-0049-5

Bild Seite 182:
Gläserne Übergänge verbinden die einzelnen Gebäudeteile im „Haus der Stille" miteinander

Bild links:
Der Speisesaal im „Haus der Stille" erinnert an ein Design-Hotel

Gruben-Light-Dinner in Ramsbeck
Drei-Gänge-Menü in 300 Meter Tiefe

> » Unterhaltsame Führung unter Tage
> » Bergmannskost im Henkelmann
> » Kerzenschein und Bergmannschöre sorgen für Stimmung

Wer die immer gleichen langweiligen Restaurants, uniformen Kellner und alltäglichen Gerichte nicht mehr sehen kann, sollte es vielleicht einmal mit einem „Gruben-Light-Dinner" probieren. Wo früher die Kumpels im Erzbergwerk schufteten, dinieren heute Ausflügler bei Kerzenschein und Blasmusik. Bevor es ans dreigängige Menü geht, müssen die Besucher aber erst einmal in den Stollen einfahren.

300 Meter tief mit der Grubenbahn in den Stollen

Mit lautem Knall schließen sich die Gitter der Grubenbahn und die Waggons fahren tief in den Berg hinein. Das Licht wird schwächer und die Fahrtgeräusche lauter. Was für die Bergleute zur täglichen Arbeit gehörte, ist für die Ausflügler ein besonderes Erlebnis – irgendwo zwischen Bangen und Begeisterung. Nach rund 1,5 Kilometern ist die Fahrt zu Ende und die Führung beginnt. Geleitet wird sie u.a. von Ludger Haite. Er hat 38 Jahre unter Tage gearbeitet und tut es drei- bis viermal pro Monat immer noch, wenn er Besucher durch das alte Bergwerk begleitet. Die wissen die Kenntnisse aus erster Hand und vor allem die Entertainer-Qualitäten des ehemaligen Bergmanns zu schätzen. Unterbrochen von Lachern und Zwischenfragen erzählt er aus der Zeit, als in der Grube noch Silber und Erz gefördert wurde. Urkundlich wurde der Bergbau in Ramsbeck erstmals 1518 erwähnt. Es folgte eine wechselhafte Geschichte mit vielen Schließungen und Wiedereröffnungen. Das Schicksal der Menschen blieb aber stets das Gleiche. In der Blütezeit der Grube um 1850 arbeiteten bis zu 3.000 Männer unter Tage. Die harte körperliche Arbeit wurde aber so schlecht bezahlt, dass häufig auch die Frauen der Bergmänner mitarbeiten mussten. Mit bloßen Händen sammelten sie das Erz aus dem Gestein, was ihnen den Spitznamen „Erzengel" einbrachte. 1974 wurde die Förderung in Ramsbeck dann endgültig eingestellt.

Tierische Untermieter im Stollen

Die Führungen führen durch enge Schächte und vorbei an der Statue der Heiligen Barbara – der Schutzpatronin der Bergleute. Unterwegs erfährt

Bild Seite 185:
Mahlzeit mit Schutzhelm – beim Gruben-Light-Dinner speisen die Besucher in Schutzkleidung

man auch allerlei Kurioses, wie die Geschichte von den tierischen Untermietern im Stollen. Angeblich leben in Ramsbeck die sogenannten Steinbeißer-Fledermäuse. Die Tiere sollen am Schiefer knabbern, um an das Öl im Gestein zu kommen. Bei der Erzählung beschleicht einige Besucher allerdings ein leichter Zweifel, ob sie nicht doch auf den Arm genommen werden.

Candle-Light-Dinner bei Bergmannsmusik
Abschluss und zugleich Höhepunkt des Abends ist das dreigängige Menü bei Kerzenschein. Zwischen alten Werkzeugen und Gesteinsbrocken stehen rustikale Tische und Bänke. Dezent erklingen Bergmannschöre

SAUERLAND

▶ **INFOS**

Flair Hotel Nieder Ostwig
Ansprechpartner Josef Nieder
59909 Bestwig
Tel. 02904/97100
Fax 02904/971070
mail@hotel-nieder.de
www.hotel-nieder.de

Im Rahmen der öffentlichen Führungen kostet das Event pro Person 61,- Euro. Sonderveranstaltungen müssen individuell vereinbart werden.

aus den Lautsprechern, während Kellner mit Schutzhelmen das Essen servieren. Die Hauptspeise – Haxe mit Sauerkraut und kleinen Kartoffeln – wird stilecht im Henkelmann serviert. Die unzähligen Kratzer zeugen vom jahrelangen Gebrauch unter Tage. Dazu gibt es Pils – natürlich gebraut im Sauerland. Und zum Dessert Käse, dekoriert auf einer echten Schieferplatte. Wer will, kann im benachbarten Hotel Nieder Ostwig übernachten und am nächsten Tag noch das Bergmannsmuseum der Grube Ramsbeck besuchen.

Nichts für Klaustrophobiker.
Mit der Grubenbahn geht es 300 Meter tief in den Stollen

Weihnachtsbaum selber schlagen
Die Adventspauschale

> » Ungewöhnliche Adventspauschale
> » Weihnachtsbaum zum selber schlagen
> » Planwagenfahrt und Picknick am Lagerfeuer im Preis inklusive

Dass diese Dame ihren Weihnachtsbaum selbst geschlagen hat, darf bezweifelt werden

Wie man aus einem unbequemen Erbe ein besonders nettes Urlaubsangebot macht, zeigt eine Geschichte aus dem Sauerland. Familie Ante aus Medebach erbte eine Tannenschonung und wusste zuerst nichts Rechtes damit anzufangen. Dann hatte die pfiffige Pensionswirtin Annegret Ante

Hier nächtigen die Städter – die kleine Pension Schweinsberg im sauerländischen Medebach

die Idee mit dem Weihnachtsbaum zum selber schlagen. Weitere Highlights des gemütlichen Adventswochenendes sind Planwagenfahrten und ein Picknick am Lagerfeuer.

Mit einem kleinen Schwips in die Schonung

Zu Hunderten stehen die Tannen an den Hängen des Sauerlandes. Fast könnte man meinen, sie wären zum Appell angetreten. Kleine, krumme oder kahle Kandidaten sucht man unter den wohlgeratenen Blaumann- und dunkelgrünen Nordmanntannen vergeblich. Ein Christbaum-Anwärter ist schöner als der andere. So auch in der Schonung von Familie Ante. Vor dem Eingang hat sich eine Gruppe Pensionsgäste aus Köln eingefunden. Ein prasselndes Lagerfeuer verbreitet wohlige Wärme und heißer Glühwein die letzte Kälte aus den Fingern. Nach ein, zwei Gläsern macht sich in dem Trüppchen eine abenteuerlustige Stimmung breit und angetrieben vom eigenen Nachwuchs wagen sich die Städter in die Schonung.

Winterimpressionen aus dem Sauerland

Hilfe vom Waldbauern

Dort wartet schon Erich Ante auf die Urlauber. Der Waldbauer berät in allen Fragen rund um den Weihnachtsbaum. Dicht auf dicht stehen die Bäume auf den 2500 Quadratmetern der Familie. Die Pflege der Bäume kommt ganz ohne chemische Mittel aus, was Wachstum und Farbe der Tannen zugute kommt. Erst versuchen sich die Städter selbst am Baum; und als es doch nicht so recht klappt, ist der Waldbauer zur Stelle. Vor seiner Kettensäge musste noch jeder Weihnachtsbaum kapitulieren. Am Lagerfeuer wird die gute Wahl dann ausgiebig gefeiert.

Pfiffige Pensionswirtin

Annegret Ante leitet die Pension Schweinsberg in Medebach. Der kleine Ort im Hochsauerland hat gerade einmal 650 Einwohner und liegt idyllisch zu Füßen des Rothaargebirges. Die Pension Schweinsberg ist die älteste Herberge im Ort und konnte sich über Besuchermangel eigentlich noch nie beschweren. Lediglich an den Adventswochenenden kamen nicht so viele Gäste wie gewünscht. Da hatte Annegret Ante die Idee mit der Pauschale. Denn die Tannenbäume einfach auf den umliegenden Weihnachtsmärkten zu verkaufen, war der Familie zu umständlich. Statt

die Bäume zu den Käufern zu bringen, lässt Annegret Ante jetzt die Käufer zu den Bäumen kommen. Das ist wesentlich unterhaltsamer für die einen und weit weniger aufwendig für das kleine Sauerländer Familienunternehmen. Mittlerweile haben viele andere sauerländische Betriebe die Idee aufgegriffen und bieten auch den Weihnachtsbaum zum selberschlagen an.

Advents-Beiprogramm

In der Pension Schweinsberg kostet die Pauschale 85 Euro pro Person im Doppelzimmer. Auch die romantische Planwagenfahrt durch das winterliche Sauerland ist im Wochenend-Arrangement inklusive. Und nicht nur wenn die Hügel mit dichtem, glitzerndem Schnee bedeckt sind, wird der Ausflug zum Erlebnis. Die Erinnerung an die erholsamen Tage im Sauerland reist dann genauso mit nach Hause wie der Tannenbaum auf dem Gepäckträger.

▶ **INFOS**

Pension Schweinsberg
Orkestraße 27
59964 Medebach-Medelon
Tel. 02982/8489
Fax 02982/908061
info@Pension-Schweinsberg.de
www.pension-schweinsberg.de

Bildnachweis

Aeronautic Team, M. & A. Kloss
10-15

Biologische Station Oberberg
8-9, 23

Caffeerösterei Maassen
29-31

Culture & Castles e. V.
86-87, 89-93

Eifel Tourismus
41

Familotel Ebbinghof, Fam. Tigges
168-173

Fotostudio Tölle
179, 182, 183

Historische Senfmühle Monschau,
Fam. Breuer
26-27, 28, 32, 34

Lueger, Ralph
155

Mette, Hansi
164-167

Monschau Touristik GmbH
Titelfoto, 33, 36-39

Münsterland e. V.
48-58, 80, 83

Niederrhein Tourismus GmbH
106-108

Pension Schweinsberg, Fam. Ante
189

Rheinischer Bauernmarkt
Winnekendonk e. V., Jürgen Hendricks
101

Rieselfelder Münster e. V.
81, 82

Sauerland-Tourismus e. V.
162-163, 188, 190, 191

Stadt Bedburg, Robert Heinen
134-137, 138 o.

Tourist-Informationen
„Rund um den Hennesee"
180, 181

Verkehrsverein Arnsberg e. V.
175

Ziese, Stefan
140-141, 143-149, 151-154, 156, 160, 161

Zimmermann, Antje
17-20, 25, 42-47, 59-73, 75-79, 84, 85, 95-100, 102-105, 110-121, 123-126, 129-133, 139 u., 159, 176, 185-187